ひとりじめ

浅田美代子

文藝春秋

バリ島で、希林さんと。

ひとりじめ◉目次

装画　樹木希林
装丁　大久保明子

ひとりじめ

となりの美代ちゃん、希林さんに出会う

芸能界に入るまで、テレビの世界や芸能人への憧れはなかった。

生まれも育ちも東京の麻布。自動車関連会社を経営する父と当時は専業主婦だった母、それから2歳年下の弟と暮らしていた。子供の頃は有栖川《ありすがわ》公園が遊び場で、その川でザリガニを釣ったり木に登って喜んでいるような、おてんばな女の子。毎日、友だちと遊ぶことが何より好きで楽しかった。

「あのセーラー服に憧れていたから」という、母の極めて個人的な理由で東京女学館を小学校入学時に受験させられたものの、私は近所の友だちと離れるのが嫌でやる気ゼロ。面接で「お名前は？」と聞かれて、「ない！　ママ、帰ろう！」と威勢よく答えて、結果はもちろん不合格。叱られるのが怖くて、昔の足踏みミシンの下に隠れたことを覚えている。その時は、東京女学館がどれほど名門校と言われているかを全く理解できていなかった。

小学校で家庭教師をつけられ、中学校にあがる時に再度受験して入学したものの、相変

わらず勉強にも学校にもまったく興味が持てなかった。

あの学校に通っていた当事者としては実感がなかったが、東京女学館といえば、いわゆる品行方正なお嬢様が集う学校と言われていた。実際、校則はすごく厳しかったけれど、私はスカートの丈を短くしては怒られるような不真面目な生徒だった。


そのままエスカレーター式で高等学校に上がっても、学校には興味が持てず、相変わらず、友だちとお買い物したりおしゃべりしたりすることがいちばん楽しい日々。将来のことなんて現実的には考えたこともなかった。

それが高校2年生のある日、大きな転機が訪れた。

「芸能界に興味はありませんか？」

事務所の人にスカウトされたのは、神宮外苑のイチョウ並木でのことだ。当時、そこで行われていた東京バザールに友だちと遊びに行った帰り道で、突然、声をかけられた。

私は、何が起こったのかとっさに飲み込めずに戸惑った。若い女性を狙った連続殺人事件が起こった直後だったこともあり、警戒心が強く働いた。何だか怖い……けど、面白そう！

そう思った私は、その人に家の電話番号だけ教えて帰ることにした。

後日、その人は何度も自宅まで訪ねてきてくれた。そこは、きちんとした芸能事務所で、真摯《しんし》なお誘いだったのだ。

芸能界なんて考えたこともなかったけれど、学校はつまらないし、近づいていた期末テストの勉強も全然していない。「それなら、芸能界に入ってみるのもいいかも！」なんて、最初は、その場しのぎの動機と軽いノリだった。

とはいえ、お堅いタイプの両親は大反対。芸能界なんてとんでもないという見解だ。一方、「やりたいことはやってみたい！」という自由にして頑固な私の気質も理解していたのだろう。

誘ってくれた事務所から、テレビドラマ『時間ですよ』のオーディションの話を持ちかけられた時、どうせ受かるはずがないと思った両親と、「これに落ちたら、二度と芸能界のことは口にしない」という約束をして、一度だけ挑戦させてもらうことになったのだ。

ところが、結果は合格。『時間ですよ』の新人オーディションには、2万5千人の応募者がいたという。すでに、人気を博していたドラマの新シリーズにど素人の少女がいきなりレギュラーで抜擢《ばってき》されたのだ。

そんなシンデレラストーリーは翌日のスポーツ新聞でも記事になって、自宅の電話は鳴りっぱなしになった。あのオーディションの一日を境に全てが大きく変わった。私の人生の本章へと向かう、大きな扉が突然に開いたのである。

樹木希林さんに出会ったのは、その運命の日。『時間ですよ』のオーディション当日だった。当時、悠木千帆《ゆうきちほ》と名乗っていた希林さんは、久世光彦《くぜてるひこ》さんと一緒に新人たちを審査する審査員の一人として、そこに座っていたのだ。つまり希林さんは、私を選んでくれた人の一人である。

『時間ですよ』は銭湯「松の湯」を舞台にしたホームドラマだ。主演は森光子さん、共演者は希林さんの他に、船越英二さん、松原智恵子さんなど。演出は久世さんら、脚本は向田邦子さんらと、豪華な布陣だ。

私が演じたのは、群馬の田舎から上京して「松の湯」の従業員になるお手伝いの相馬ミヨコ。同じく従業員役の希林さんと堺正章さんとともに、劇中では、〝トリオ・ザ・セント（銭湯）〟として、ドラマの本筋とはあまり関係のないギャグ・お笑い場面を担っていた。担っていたなどというのはおこがましい。当時、ベテランかつ豪華な共演者やスタッフの方々の中で素人は私一人。ずいぶんとご迷惑をおかけした。

私の初めての演技は、これから働きに行く松の湯を見つけて、「松の湯……」とつぶやくシーンだった。たった一言だけなのに、久世さんに40回近くNGを出されて途方に暮れた。久世さんは、「田舎から出てきて、やっと松の湯を見つけた時の気持ち、不安と期待が入り混じっている『松の湯……』というセリフなんだ！」と叱咤激励して下さったのだが、ど素人の私としては「何それ？　意味わからない」と戸惑うばかり。必死で撮り直し続けて、何とかＯＫが出た時は、頭の中は真っ白になっていた。

とにかく厳しかったけれど、泣いたり悲しくなったりしなかったのは、当時の現場には、新人をみんなで育てようというアットホームな雰囲気が流れていたからだと思う。スタッフや共演者のみなさんには、演技についてはもちろん、現場でのあり方や礼儀までいろんなことを教えて頂いた。とりわけ面倒を見てくれたのは、演出の久世さんと希林さんだ。

たとえば、台本のト書きに〝ミヨコ、泣く〟と書かれていても、久世さんは、「気持ちがあれば、涙がなくても通じる。泣こうとする芝居をするのは間違いだ」などと教えてくれて、それは私の芝居の礎《いしずえ》になっている。

希林さんも「お芝居は技術より、気持ちでやるんだよ」と常々言っていた。私は、とにかくあるがままの自分で日々、体当たりをするしかなかった。

たとえば、本番中、希林さんが急に私にスカートめくりをするアドリブを入れてきた時のこと。私はすごく驚いて、「きゃー！　やめてよっ!!」なんて、普通の17歳の女子高生らしく大声で怒って叫んだら、希林さんはすごく面白がっていた。「リアルでいいじゃない〜」なんてほくそ笑んでいて、毎回、仕掛けてくるようになったものだから、そのうち私もスカートの下にテニスのスコートを穿《は》いておくことにしたくらいだ。

最近のドラマの現場では、久世さんや希林さんの考えとは反対に「見た目の方が大事。悲しく見えればいい」という風潮もあるのが、少し寂しく感じられる。近頃は、作品にかける予算も時間もますますミニマムになっているから、効率主義にならざるを得ないのだろうけれど。

希林さんから教えてもらったことでとりわけ忘れ難いのは、台本との向き合い方だ。出会った当時、慣れない台本の暗記に必死だった私は、ミヨコのセリフの部分だけピンクや黄色の蛍光マーカーで塗りつぶして、覚えようとしていた。それがなんだか楽しかったのだ。だが、希林さんはこういった。

「やめなさい。そういうふうにすると、自分のセリフしか見えなくなるでしょう？　芝居は人のセリフがあって成り立つものなんだから」

それから今に至るまで、私は台本に一切、線を引いていない。私のお芝居の師匠は、間違いなくこの二人だ。お芝居はもちろん、役者としてどうあるべきか、お二人に育ててもらったと思う。

希林さんには、アドリブでのお芝居やコントもたくさん教えてもらった。マチャアキ（堺正章）さんと3人での〝トリオ・ザ・セント〟として、毎週一本につき、何シーンかコントをやるのが恒例だったのだが、毎回、全体の稽古が終わった夜遅くから、私たち3人と久世さんが居残って4人でコントを作っていたのだ。

それは毎回のように朝までかかった。形になったら、朝のリハーサルでスタッフの前で発表して、ウケなかったら、もう一回考え直すというのの繰り返し。私たち俳優は演じるだけでなく、スタッフと一緒に作品を作っているんだという意識とその方法を、徹底的に叩き込まれた。

4人でいくら考えても、何も出てこない夜もたくさんあった。当時、ドラマの中で有名になったギャグ「そうだ、ウルトラマンを呼ぼう！」も、とにかくアイディアが出てこなくて困り果てていた夜に、マチャアキが言った「こんな時にウルトラマンでもいたらなぁ」という冗談まじりの本音が採用されたものだ。

円谷プロから本物のウルトラマンの着ぐるみを借りてマチャアキが着たものだから、サイズが合わずにブッカブカ。

それがなんともおかしくて大ヒットし、トリオ・ザ・セントのコントシーンは、ますます役者が作ることが日常に。向田さんも、そのうち、「ここからは、トリオ・ザ・セントにお任せ」なんて脚本に書いていた。

久世さんや希林さんやマチャアキと、作品を作りながらお芝居をするという経験は、役者としてはもちろん、一人の人間としても素晴らしい経験であり、掛け替えのない財産になったと思う。


この時期は、家族よりも長く濃密な時間を過ごしていた。スタッフも共演者もみんな仲が良かったけれど、17歳の私はなぜだか希林さんにいちばん懐《なつ》いて、金魚のフンみたいにずっとくっついて回っていた。

森光子さんや松原智恵子さんなどの柔らかく優しいお姉さんも大好きだったし、お世話になっていたけれど、当時からシニカルな視点ときっぱりとした物言いの、ちょっぴりひねくれていて、決して親しみやすくはなかった希林さんに自然と惹かれていった。

当時の希林さんは、まだ30歳ほどだったのに、おばあさん役を巧みにやったり、コントシーンでも主導権を握り、バシッと決めて最高に面白い。休憩中のお弁当も撮影後のご飯も、希林さんと久世さんと3人で食べることが多かった。3人で外を歩くときは、「私は真ん中っ！」と、久世さんと希林さんの間に割って入って、並んで歩いた。

久世さんは厳しいけれど、面白くてお父さんみたいな包容力があり、希林さんはひねくれているようでいてまっとうで、お母さん的な愛情も持ち合わせていた。17歳の私は、そのことをおそらく直感なのか肌感覚なのか感じ取っていたのかもしれない。

ドラマ『時間ですよ』で演じたお手伝いさん役の影響もあって、私はデビュー当時からしばらくの間、〝となりの美代ちゃん〟と呼ばれていた。その頃を知る人たちにとっては、今も〝となりの美代ちゃん〟のままだったりする。

つまりは、どこにでもいそうな〝普通の女の子〟というイメージだったのだろう。自分でも確かにその通りだと思う。特別な才能もなければ、さしたる野心も生き残るための戦略も持たなかった。子供の頃も今も、そこはあまり変わらないし、変われないように感じられる。

そして、今思えば、私が私として普通のままであり続けられたのは、芸能界に入って最初に希林さんに出会えたからだ。

特異な才能と個性を持ちながらも、人としての当たり前を背中で教えてくれた。そのままの私に深い愛と慈《いつく》しみをかけ続けてくれた。

希林さんの愛に包み込まれてきたからこそ、私は何歳になってもどこにいても、ずっと〝となりの美代ちゃん〟のままで生きてこられたのだと思う。

かけがえのない女友だち

私にとって希林さんは、お芝居の師であり、同志であり、姉や母のような存在でもある。名付けようのない関係性ではあるものの、やはり、一言でいえば、かけがえのない女友だちなのだと思う。人生の折々で助けられ、深い部分で繋がってきた。

希林さんのことを思い返すたびに、シンプルに「ああ、すごく楽しかったなぁ」という感情が最初にこみ上げてくる。一緒に映画館に出かけて気になる作品を観てから、お気に入りのレストランでお酒を飲みながら辛口で批評しあったり、リゾート地に旅行に行って、のんびりするより、一緒にアクティビティのボートを乗りこなしに行ったり……。

希林さんとは一緒にいて何を語っても、何をしても、いつもすごく楽しかった。役者としても人としても敬愛しているけれど、単純にとても馬が合うんだと思う。世間からは、希林さんと私は、一見、全く違うタイプに見えるだろうけれど、似ている部分もたくさんある。人や物事の好き嫌いや、人として大切にしたいことなどを近しいと感じることが多かった。

「まあ、私たちが友だちっていうのは、お互いにお得だよね。だって、美代ちゃんは天然ボケのイメージで通ってるけど、私みたいにシニカルで理屈っぽい女が友だちにいるなら、『浅田美代子にも賢い一面もあるんだな』って世間様に思ってもらえそうじゃない？　私も私で、面倒臭い女のイメージで通ってるけど、美代ちゃんみたいな子と仲良いなら実は優しい良い人なのかもって思ってもらえそうだし」

希林さんは、飄々《ひょうひょう》とした口調で笑いながら、よくそう言っていた。「何それ？」と突っ込んで笑い合いながらも、その言葉に愛を感じた。

17歳で希林さんと出会ってから、46年間。私が結婚をしていた7年間だけは、疎遠になっていたけれど、それ以外は、ごく自然に希林さんと一緒にいた。お互いに腹を割ってなんでも話せる、嘘をつかなくて良い関係だから、心地よいままで長らく続いたのだと思う。

友だちの数は決して多くはないけれど、生涯の友が私にはいる。

齢《よわい》を重ねるほどに、良い友だちを作ることや関係を育て続けることは難しいという。私も大方、同意するけれど、女友だちのことで悩んだことはほとんどない。

家族のような存在の希林さんをのぞけば、ずっとそばにいる友人は、一人。東京女学館中学校時代に出会った、つぐちゃんだ。

つぐちゃんとは、まだ夢見る少女時代に出会って、私が芸能界に入ってからも、結婚して7年間ほど専業主婦をしている時も、離婚後に芸能界に復帰してからも、そして還暦をとうに過ぎた現在に至るまで、ずっと途切れずに付き合っている。

つぐちゃんは、私が16歳の時にドラマ『時間ですよ』のオーディションに受かって、突然、芸能界に入ることになった時は、「芸能界って怖いよ。ヤクザな世界かもしれないよ。正直、やめた方がいいと思う。すごく心配しています」なんて手紙をくれたりもした。

私の母親とも長らく仲良しで、何か悩みごとがあると、私が家にいなくても我が家にやってきて母に悩み相談をしていたくらい、私にとって身近な存在であり続けている。


仲良くなったきっかけは、女学館に入学して間もなくの頃、部活で同じテニス部に入ったこと。可愛いウェアやかっこいいイメージに憧れて軽い気持ちで入部したものの、1年生の頃は球拾いばかり。2年生になってからも、当時のキャプテンの方針で球拾いばかりやっているうちに、私とつぐちゃんは3年生になった。

上級生になったとたん、顧問の先生に試合に出ろと急に言われたのだけれど、そんなの無理に決まっている。ほぼ球拾いばかりやって、あとは、つぐちゃんとおしゃべりしていた2年間。サーブすらできないのに、試合に出ても何もできるわけがない。

「どうする?」

「無理に決まってるじゃん」

つぐちゃんと私は、多くを語り合わずとも互いの本音のありかが同じであることを悟った。

「やめようか」

「うん、行くのやめちゃおう」

もちろん後で叱られたけれど、このすっぽかし事件は、どれだけ親密なおしゃべりを重ねるよりも私たちの絆を深めた。


つぐちゃんは、ずっと主婦だ。私と同じく一度は離婚を経験しながらも、もう一度、伴侶を得て幸せに暮らしている。

普段はおとなしいつぐちゃんだが、最初の結婚は駆け落ちだった。彼女は親とはうまくいっていなかったのだ。いつも勉強のできるお姉さんと比べられ、親の理想の娘ではなかったらしい。

ある日、私が結婚して暮らしているマンションのベランダから外を眺めていたら、向こうから赤いスーツケースを引きずって歩いてくる人がいた。つぐちゃんだった。家を出てきたという。そんな勇気があったんだと、驚いた。

少し話してつぐちゃんは、彼の元へと行った。

この駆け落ち婚で、彼女は散々苦労して、結局は離婚した。

家に戻っても居心地の悪い日々を送りながら、明るさを失わずに公認会計士を目指し、勉強しながら働いていたつぐちゃんに、一度だけ、マネージャーをしてほしいと頼んだことがある。

彼女は外から私を見ているから、いろんなことが言えるし、何よりも私のことを熟知している。

でも、「マネージャーなんてベッタリした関係になったらよくないと思う」と告げられた。

それから今に至るまで、お芝居のこと、テレビに出ている時のメイクやファッションのこと等々、ダメな時も良い時も、なんでもお世辞抜きに意見を言ってくれる。

この、スタッフではない、視聴者側としての客観的な意見は、とてもありがたく大切だ。

私たちは16歳以降は全く異なる世界で生きてきたものの、離婚経験や、子供がいないという共通項もあって、ずっと関係が途切れなかったのかもしれない。

女の人生には数々の節目があって、どれほど親密な時間を過ごした友も、やはり小さな子供を育てている時期などは、自然と距離が離れてしまうものだ。子供を持たない私とて、人生が変化するのに伴って、人間関係は変化してきた。

それでも、つぐちゃんと希林さんだけは、人生のどの局面でも心のそばにいてくれた。芸能界とは微塵《みじん》も関係がない、世間的にはいわゆる普通の主婦であるつぐちゃんが身近な友だちであり続けたことは、私の人生にとって大きな財産になったと思う。

何者でもない市井《しせい》の人として、あたり前の日常を慈しむこと。仕事の困難や、人間関係の悲喜交々《こもごも》に心を揺らしながらも、周囲の人たちに支えられながら、そのことに感謝しながら、人の道を真っ直ぐに生きること。母と希林さんが私に伝え続けてくれた、「普通を生きる」ことのかけがえのなさを、楽しさを、心地よさを、つぐちゃんは一緒にいるだけで感じさせてくれる存在だ。


一方、芸能界の女友だちもいるにはいる。芸能界に入ったばかりの頃は、一応、アイドルのような存在だったし、ＳＮＳやＬＩＮＥもない時代。なかなか素のままの自分を出せて仲良くなれる人は少なかった。相手によっては、ライバル意識を剝き出しにしてくる戦闘姿勢の子たちもいて、心を許せる友達というのはなかなか出来なかった。

昔も今も、よくも悪くもあまり野心がない私は、その空気感が苦手だった。歌手の小川順子ちゃんや小林麻美ちゃんたちとはいまだに仲が良いけれど、彼女たちはとうの昔に芸能界を辞めている。

最近——といっても、ここ10年とか15年くらいのことだけど——仲良くしている友人といえば、長澤まさみちゃん。だいぶ年下だけど、定期的に会っている。まさみちゃんは、突然LINEに、「ごはんーーーー!!!」と一言だけ送ってきたりすることも多くて、そのたびに、「OK! いつにする」なんて軽く返す。レストランで会ったり、家で食べたりと、気のおけない関係だ。まだ彼女がセーラー服を着て現場に来ていたデビュー作で共演しているから、彼女も気楽なのかもしれない。私も心を開いてなついてくれる彼女のことがとても可愛い。

年下の女友だちといえば、歌手のMISIAさんとも定期的に食事をしたりしている。きっかけは、私のライフワークである動物愛護の活動で、著名人からのオークションを募った時に、MISIAが協力してくれたこと。

MISIAの事務所の社長と知り合いだったこともあり、自然な流れで仲良くなった。より交流が深まったのは、MISIAが『さんまのまんま』に出演することになった時。バラエティ番組に出るのが初めてで、いきなり〝お笑い怪獣〟明石家さんまとの対決である。

「さんまさんと一対一で話すのは怖いから、一緒に番組に出て欲しい」と懇願されて、「そんなのありなの?」と思いながらも引き受けた。その後、さんまさんも交えて、プライベートでも折に触れ、ご飯を食べたりカラオケに行くようになったのだ。MISIAもまたアフリカの子供達を支援するチャリティ活動をライフワークにしている。ある年は、私もアフリカに同行したことがあった。

MISIAのコンサートに行けば、私もみなと同じように、彼女のあの圧倒的な歌声と素晴らしい表現力に酔いしれているのだけれど、普段の彼女は、本当に可愛い魅力的な自然体の女性。そして、天然だ。長澤まさみちゃんもそうだけど、〝ちゃんと普通を生きている人〟だから、本当に気のおけない年下の友人であり続けられるのだと思う。

大人になると真の友人を作るのは難しいという。それどころか減っていくばかりだという人も多いけれど、幸運にも縁に恵まれている私は、いまだ新しい友だちに恵まれている。

友人とは、互いの人生を適切な距離から見守ってくれる目撃者であり、応援者だと思う。希林さんやつぐちゃんのように、私の人生を10代の頃から見守り続けてくれる友もいれば、年齢を経てから仲良くなって、互いの人生を分かち合える人もいる。

そして、それぞれの友人により、付き合い方や距離感が異なっていて、それがまた貴重で面白い。他の人には見せない顔を見せ合える友人もいる。

最近、月1くらいのペースで顔を合わせる、同世代の女友だちグループがある。作家の林真理子さんと脚本家の中園ミホさん、それから聘珍樓《へいちんろう》のマダム林淳子さんだ。

このご縁も不思議なもので、3年ほど前、ブルーノート東京でMISIAのライブが行われた時に会場で引き合わせてもらったのが、中園ミホさんだった。

そして、中園さんから真理子さんと淳子さんを紹介いただいて、4人で集まるようになった。

ほぼ同世代の女4人でいると、どんな話題で会話を交わしていても楽しい。日常のことや、ワイドショーのニュースであったり、美味しいもののことだったり、お気に入りのショップの話だったり。

幾つになっても、他愛ない会話でもり上がれる女友だちがいるのは、幸せなことだと思う。

ちなみに、どの友だちも、希林さんに会わせたことはほとんどない。なぜだか、希林さんと会うときはいつも二人きりなのだ。出会ってから、私が結婚していた7年間を除いては、人生を通じて定期的に会い続けて、たくさんの時間を過ごしていた。互いの家族も紹介しあっているし、よく知っている。互いの人生に一歩、踏み込んでいるものの、お互いの友だちについては詳しく話したり、紹介しあったりはしなかった。

もちろんある程度は、希林さんの交友関係を知っている。芸能界に希林さんを慕う人は多いけれど、実は友だちと呼べるほど近しい人は少ないように見えた。私が知る限り、芸能関係者で定期的に交流があったのは、藤村志保さんと吉永小百合さんくらいであろうか。そういえば、小百合さんと希林さんと私は、一緒に河豚《ふぐ》を食べに行ったこともある。いつもは「高級料理は奢《おご》られないし、奢らない」を信条としている希林さんも、あの夜ばかりは、小百合さんに奢ってもらっていた。それが珍しく不思議に思って、帰り道、希林さんに尋ねた。

「今夜は、奢ってもらっちゃったね」

「だって、ほら。あちらは稼いでいらっしゃるから良いのよ」

と飄々《ひょうひょう》と。そんな風に言えるのは、希林さんが小百合さんに信頼を寄せていたからに違いない。

小百合さんは希林さんを「お姉さん」と呼んでいた。

私は『寺内貫太郎一家』の役のまま「おばあちゃん」、お孫さんが出来てからは、「ばぁば」を経て「ばーびー」になる。そして私は希林さんに「美代ちゅわん」と呼ばれていた。

希林さんは、芸能界とはまた別な世界に、友人や交流関係が広くあったようだ。代官山の人気ショップ「ハリウッドランチマーケット」を営む、垂水さんご夫妻とは、娘の内田也哉子《ややこ》さんの学校を通じて知り合って、長い付き合いを続けていた。評論家の草柳大蔵さんの奥様とは長らく仲が良かったとのことで、奥様が亡くなられたときは、その貴重で高価なお着物をたくさん譲り受けたという。ある時は、希林さんが仲良くしている小田原のお医者さんのご自宅で開かれた、「デイゴの花を見る会」というホームパーティーに私も誘っていただいた。オノ・ヨーコさんとも、来日の際には必ず食事をしていた。

希林さんは、芸能人でなくても、多くの人を惹きつける魅力に溢れた人だ。故に、交友関係は広く、慕われ、愛されていたのだろうと思う。とはいえ、私が知る限り、ベタベタな関係が嫌いな希林さんは、一人でいることも多かった。

どんな人もみんな、人間は本来、一人。一人で生まれ、一人で立って生きることを当たり前に大切にしている人だったから、人は大切にしても、友だちは増やさないし、寄りかからないのだと思う。私は、希林さんのそんな凜とした強さや人との絶妙な距離感にも共感と敬意を抱き続けている。


そうは見られないものの、私と希林さんは生来の人見知り。だから、友だちも決して多くはない。

誰とでも仲良くなれるわけじゃないし、気が合いそうな人でも仲を深めるまでにはかなりの時間がかかる。一方、まれに直感が働いた時には、自然にいつの間にか仲良くなっている人がいる。

16歳で希林さんと出会った時、自然に吸い寄せられて仲良くなれた時のような幸運が、人生には時々訪れる。大事な人がいれば、友だちは少なくてもいいと思う。でも、だからと言って、新しい友人を作らないわけではない。その時の自分にとって必要な人、引きあう人を迎え入れる扉は、いつも開いておきたいと思うのだ。

夜遊びと人間関係

私は夜遊びが好きだ。日本中がバブルに沸いていた頃は、芝浦のディスコに友だちと繰り出して、きらびやかなネオンの中に身をおいて、みんながはしゃぐ様子を眺めているのが好きだった。

文壇バーのように限られた人々だけが集うようなお店に入り浸り、普段の生活では出会えないような人と出会って、その夜限りの会話を交わすのも楽しかった。

ずっと、遊び慣れているやんちゃでスマートな大人に憧れてきたし、私自身もずいぶんと、遊び場に育てられてきたと思う。人間を見る目も、立ち居振る舞い、人生の楽しみ方も、全ては遊びを通して教えてもらった。

芸能界とは一見、華やかな世界に見えるかもしれないが、そこにいる私たちにとっては、職場である。映画の撮影であろうと、バラエティ番組の収録であろうと、演者もスタッフも仕事の中の顔、いわば、社会的な顔でそこに立っている。だから、仕事場で互いの本質を見せ合う機会はなかなかないし、仲良くなることなんて滅多にない。

日々、仕事の顔という自分の一面だけを使いながら生きていることに、私は少々の息苦しさと退屈さを感じてしまう。そもそも、人間とは多面的なものだから、いろんな顔を出せる場所が必要だと思うのだ。幾つになっても子供のような無邪気さを持っていて、自分を解放できる人は、面白くて奥行きがあって惹かれてしまう。

役者としてはもちろん、一人の人間としてもあらゆる顔を持っていて、それをふとした瞬間に自然に出せる人は魅力的だと思う。そして、そんな多面性を感じさせてくれる人たちは、たいてい、仕事とは別な場所、自分が本気で遊べる場所を持っている。

希林さんもそう。夜遊びしていた印象はないけれど、遊び上手な人だと思う。政財界の人から、お医者さん、アパレル経営者、芸術家まで、「どこで出会ったの？」と思うような幅広い世界の面白い人たちと知り合って遊んでいた。芸能界よりも、それ以外の人たちとのつながりの方が圧倒的に多いのは、希林さんの人間としての深みや面白みの表れなのだろう。

夜遊びの効用は他にもたくさんあって、人間関係の機微も味わえる。一度共演したくらいでは、なかなか相手の名前すら覚えられない私も、なじみのバーで出会い、一緒に盛り上がってハイタッチした相手のことは忘れない。

のちに仕事の現場で出会っても、ことに親しみを込めて挨拶をするものだ。ある夜の共犯者になれた絆があるような気がしてしまうから。

動物愛護のことなど、私個人の活動で誰かしらの手を借りたいと思った時も、共演者よりも、遊びの場で出会った人たちに思わず連絡してしまう。遊び仲間は仕事とは関係ない、損得抜きの関係だから、声をかけても快く応じてくれる。


バブルが弾けて以降、時代は猛スピードで変化し続けていて、今や東京の夜遊びの文化は風前の灯火《ともしび》だけど——。それでも、あるところには、いまだ濃密な遊び場が残っている。

Cという会員制のバーには、もう25年通い続けている。あの店の魅力は曰く言い難い。至極、アンダーグラウンドなバーだけど、何故か誰もが知るような著名人が集っていて、国内外のデザイナーがたくさん通いつめている。

個性の強い人や普段は分厚い鎧《よろい》を纏《まと》っている芸能人もなぜだか、みんなが心を許せる場所であり、子供みたいに素顔で思い切りはしゃげる場所。

夜遊びが好きな海外のセレブやアーティストたちも、来日の際は、レストランとバーをいくつか巡った後、最後に訪れる終着駅のような店だ。

時代の荒波が押し寄せようとも、あの店が変わらずにそこにあり続けているのは、ママであるレイコの求心力ゆえだと思う。ユニークなんて言葉では表現できないほど強烈な個性を持ちながらも、チャーミング。気風《きっぷ》が良くて懐も深い。

あと少しで還暦を迎える世代ながら、若い世代の子とも対等に話して遊べるエネルギーを持ち続けている。ちなみに、10年前に彼女が結婚したのも、だいぶ年下の男性だった。

レイコは20代の頃、バブルの狂乱期に芝浦GOLDの会員制ラウンジYOSHIWARAの女将《おかみ》を経験している。その頃に身につけた夜遊びのルールや所作や愉しみ方を、継承し続けている存在なのだと思う。


私も長らく東京で夜遊びを楽しんできたから、様々な店を訪れては贔屓《ひいき》にしてきたけれど、また訪れたくても、店じまいする人たちの姿も数多く見てきた。だからこそ、レイコとあの店の存在が稀《まれ》だということも知っている。

多くの伝説的な店が閉店せざるを得なくなったのは、景気のせいに他ならない。だけど、その景気が悪くなったのは、社会情勢のせいだけではなくて、若い世代の人たちが遊ばなくなったからではないか。

子供の頃から不況が常態の彼ら、彼女らには、遊ぶ暇も余裕もないのだろう。ましてや、私たちのように、遊ぶことが人生や生活の中心にあるなんて信じられないと思う。

さらには、今は芸能人にとっては出歩きづらい時代だ。SNSが普及して、世の中の多くの人がパパラッチにもなりうる。どこにいて何をしていても、写真を撮られるリスクがあるから、外で遊ぼう、ハメをはずそうと思えないのも理解できる。

ショーケンさんこと萩原健一さんは、ヤンチャな人だと言われ続けてきた。共演した時は、すでに40代だったものの、変わらぬ不良っぽさを漂わせていて、たびたび酒臭いままで撮影現場にやってきてはみんなを苦笑させていた。一方、演技や作品作りについては熱くて、誰に対しても遠慮せずに言いたいことを言って、納得いくまで諦めない。

面倒臭い人といえば、面倒臭い人だけど、その人間くささこそが彼の色気であり、男として、人間としての魅力なのだと感じた。それはおそらく、仕事だけではなく、ヤンチャな遊び方、生き様も含めて醸成されていったものだと思う。

実は私もとんでもない二日酔いで撮影に行ったことがある。

スタジオの廊下を真っすぐに歩くことも出来ず壁づたいに歩き、何とかバレないように隠したものだ。

だから、若い世代の俳優の子たちに、「遊ぶことにはもう興味がない」とか「リスクがあるから遊びたくない」なんて言われると、少し、寂しくなってしまう。

夜遊びの効果効能を味わって大人になった私としては、そのことをとても残念に感じてしまう。年下の友人たちにも、「仕事に燃えるのもいいけど、もっと夜遊びしてほしい！」と心から思っている。20代は遊んだけれど、30代以降は仕事に燃えて遊ばないなんて人も多いけど、夜遊び道はまだまだ奥が深いのだから、中年になっても突き詰めて欲しいのだ。

人生は短いようで長いし、長いようで短い。だからこそ、効率とか安全を重視して、「仕事だけ」「家庭だけ」なんて一面的に生きるのではなく、時には我を忘れて遊んで遊んで楽しんで、人生や人間関係の奥行きを味わい尽くしてほしいと思う。

私もいくつになっても遊び続けたい。

老いに抗わない女であるために

朝9時を過ぎた頃だろうか。テレビの音をBGMに聴くともなしに聴きながら、朝の身支度を行っていると、突然、電話が鳴り始めることがある。

「あの子、やったわね」

電話の主は、希林さんだ。何をやったのかというと、「整形したわね」という意味だ。人間観察がライフワークである希林さんは、ワイドショーが大好きで、スタジオやVTRに映る女優の顔が以前のそれとは変化しているのを発見すると、嬉々として電話をかけて報告してくる。

「ねぇ、8チャンネル、観てごらんよ。美代ちゃんはどう思う?」

などと、朝からテレビを見ながら、電話口でああだこうだと何十分も話し合う。希林さんは、映画や舞台の感想を語り合うのと同じくらい、ワイドショーやニュースで様々な事件やゴシップを観て話すのが好きだった。そこに登場する強欲な人間たちを観察したり、業の深い人間が起こす事件について分析するのが好きだったのだ。

私には希林さんほどの洞察力はないけれど、そういう話題にはノッていく性質《たち》である。

「だから、美代ちゃんと話すの好きよ。一緒に悪口を楽しめるじゃん！」

私たちはワイドショーや映画をネタに、「人間観察」という名の悪口を楽しんだ。

「ワイドショーをただ見ているのではなく、表情とか立ち振る舞いをよく見てごらん。人間って面白いよ」

希林さんは、整形ネタが大好物。くだんのように、テレビで観たり、現場で会った人たちについて、〝あの女優は、こっそり整形したかどうか〟を話したりする。意地悪と言うよりは、これもまた、ありあまる人間への好奇心をそそられてのことなのだ。


さらに希林さんがすごいのは、観察して裏であれこれ悪口をいうだけではなく、現場で出会った女優たちにも直接、聞いてしまうことだ。

整形疑惑がある人ばかりではなく、どこからどう眺めても生まれつきの美人にも、「あなた美人ね。それは整形？」などと聞いて、ご本人たちを大いに戸惑わせていたという話を聞くと、苦笑いしてしまう。

「本人から天然物だって聞くと、『あら良かったわね。親に感謝だわね』って返すのよ」

「ねぇ、ばぁば。余計なお世話だからね」

呆れてしまうと同時に、こういうところが希林さんらしくてチャーミングだなとも思うのだ。もはや、整形談義は、希林さんにとってコミュニケーションの一環だったのかもしれない。

希林さんは、整形そのものを否定していたわけではない。「役者が整形すること」に反対していただけだ。主婦でも美魔女でも、役者でないのであれば、各々の価値基準にしたがって、いくらでも顔や体をいじればいい。

だけど、様々な人間を、様々な人生を演じる役者を生業《なりわい》とするならば、「整形はよくない」と、何度も話していた。過度なエイジング対策と同様に、整形という手段で綺麗な顔や若さを作りこむと、その人なりの個性が消えてしまうからだ。

「整形したら、整形した人の役しかできなくなっちゃうよね。市井を生きている人を演じても、嘘っぽくなってしまうじゃない。この仕事をしながらも、その役を生きることよりも、自分が美しく見られたいから整形するだなんて。私にはさっぱり理解できないよ」

そういえば、希林さんは、女優という言葉に苦手意識があり、そう呼ばれるのを嫌がった。役者であることに拘《こだわ》っていた。

私も女優という言葉は苦手だ。他人にそう呼ばれる分には、気恥ずかしさがこみ上げる程度だけれど、自分では絶対に名乗らない。

「だって、女優って〝優れた女〟って書くんだよ。恥ずかしいよねぇ」

そんな風に希林さんに打ち明けたことがある。とはいえ、役者というプロフェッショナルな職人のような意味合いが感じられる肩書きも、希林さんにはぴったりだけど、私にはまだ早いような気がして、思わず職業欄には、自営業などと書いてしまうのだ。

ところで、そもそも〝優れた女〟とは何だろう？　優れた女は、年齢を重ねても若く美しくあらねばならないものなのか。かつては私も、一人の女性としては老いるのが怖かった。

鏡を見るたびに、小さな憂鬱の種が増えていったのは、おそらく、50歳を過ぎた頃だ。老いることに現実味が増して、急に怖くなった。

28歳で離婚してからは、気ままに一人暮らしを楽しみながら仕事と恋愛に夢中だった。そのせいか、40代までは自分が年齢を重ねているという実感が今ひとつもてなかったのだ。

もちろん、20代よりも30代、30代よりも40代は体力も気力も目減りしていたし、あれほど私の世界の中心にあった〝恋愛〟に対する興味は、40代も半ばをすぎると、急速に萎《しぼ》んでいった。それでも、老いていることまでは実感できず、まだその先の坂を走り続けられると思っていたのだ。

しかし、流石《さすが》に、それが浦島太郎のような夢物語であることに気づく。確実に時は流れ続けているし、肉体は少しずつ朽《く》ちていくということが、この肌にも髪にも自らがまとう空気にも現れてくる。

自分の恋愛への欲求が薄れているだけでなく、「50を超えた女」というと、もはや、相手からも求められないような気がして落ち込んだ。これまで使っていた化粧品を変えるべきだろうか、もっと似合う洋服はないだろうか、結婚したいというわけではないけれど、この先も生涯ひとりで生きていけるのだろうか……。


あの頃の私の葛藤を希林さんに事細かに話した記憶はないが、16歳からの付き合いである。おそらく、気づいていたはずだ。

「何で私には役のオファーが絶えないんだと思う?」

ある時、唐突に聞かれたことがある。そんなの決まっている。存在感も思考も生き方も演技力も、希林さんの代わりになる人はどこにもいないし、おそらく、これからも出てこないと多くの作り手たちが思っているからだ。

私だって、いつもそう思っている。希林さんでなければ成り立たない、希林さんだからこそ、お願いしたい役は多々あるのだ。

「そう? それよりもね、単純な理由があるんだよ。それはね、私がちゃんと歳をとっているから。日本には幾つになっても、その歳に見えない美人女優さんが多いでしょう。でも私は、歳相応のおばあちゃんに見えるおばあちゃんだから、おばあちゃん役はみーんな私のところに来るの！」

そういって笑っていた。

そうはいっても、希林さんは時々、「ねえ、私は吉永小百合さんと大して違わない年齢なのに、なんでこんなブルドッグみたいにたるんじゃったのかしら」と頬をつまみながら嘆いていたのだが。


「歳をとることを面白がらなきゃ！」が希林さんの持論だ。

「人間って、経年とともに変化していくから面白いんだよね。若い頃の美しさに固執している人は面白くないし、50歳を過ぎたら50歳を過ぎたなりの、60歳を過ぎたら60歳を過ぎたなりの、何かいい意味での人間の美しさっていうのがあると思う。それにね、70歳近くにもなって、40代に見えたところで、40代の役は来ないよ」

たしかにその通りだけれど、女が老いを受け入れるには時間がかかる。50代前半、若く美しく見えることへの執着を容易には捨てきれなかった私に、希林さんは折に触れ、老いることの面白さと豊かさを教えてくれた。


その年齢にはその年齢なりの美しさがある。そういうけれど、一緒に出演していた『寺内貫太郎一家』で希林さんは、31歳にして、すでにおばあさんの役をやっていた。本当はスタイル抜群なのに、すらりとした姿形を長い割烹着で隠していた。リアルに老けて見えるように、髪はフェイスラインを白く染め、眉毛も白くして、睫毛《まつげ》も自らハサミで短く切り、デニムスカートを穿《は》いて稽古場に来る希林さんはパンクだった。

それから、「年齢は手と首に出るから」と手袋をして手を隠し、スカーフで首を隠していた。これらはすべて希林さん本人の発案による役作り。いわば、メイクダウン、ドレスダウンしていたのだ。

是枝裕和監督との作品では、入れ歯を入れずに〝梅干し口〟でおばあさんを演じるという大胆な行動に及んで、監督を驚かせたらしい。そんな希林さんに「入れ歯を外すなんて卑怯だよ」と言って笑うと、「あら、裸になるより恥ずかしいのよ」と返された。

思い返せば、樹木希林という人の核――役柄に向かう姿勢や、若さや通り一遍の美しさには憧れないという哲学は、20代にして確立していたのだと思う。

一方、そんな希林さんに出会った頃の私は、16歳の思春期で自意識全開。演出の久世さんに、「前髪をピンで止めろ」と言われているのに、その髪型が気に入らなくて、本番直前に勝手にそのピンをパッと取りはずして、カメラに向かうような女の子だった。

希林さんとは対照的だけど、希林さんは、思春期の私の妙なこだわりや型にはまらないところも受け入れてくれていたように感じていた。

十人十色の人間の人生を生きる俳優は、素材としての自分を大切にして、見た目に余計な手を加えずに、ありのままであるべきなのかもしれない。それは、何歳であろうとも、希林さんが信条としていたこと。整形や毛染めはもちろん、過剰なメイクも役のためでなければ、俳優にとっては必要でないというのが希林さんの考えだ。

中でも、「ここだけは絶対にいじってはだめ」と言っていたのが、眉毛だ。一時期、世の中全体で、細い眉毛が流行ったことがあった。細く整えた眉毛に紫がかった口紅を合わせて、ちょっと不健康な感じに見せるメイクが人気を集めていた時代。流行りを楽しみたい派の私としては、もちろん挑戦していたのだけれど、希林さんには強く反対された。

「ねぇ、美代ちゃん。その細い眉毛はなんなの？　その口紅、何だか死人みたいに見えるわよ。みっともない。眉毛というものはね、影でその人の顔を表すものなんだよ。その人なりの表情を作ってくれるのに。細くしたら、台無しじゃない？　みんな同じ顔になっちゃうよ」

そう思っているからこそ、娘の也哉子ちゃんにも眉毛を整えることを許さなかったのだと。私も、「整えるのをやめなさい」と何度も言われたけれど、当時の私は聞く耳を持たなかった。細眉の流行が続いている間は、現場にいけば、担当のメイクさんが頼まずとも眉毛を剃ったり抜いたりして、細眉に整えてくれていたし、私自身もそれが良いと、その時は思っていた。しかし、経験を重ねた今ならわかる。希林さんの言う通りだ。たしかに、多少はボサボサでもその人の自然な眉毛は魅力的な表情を形作ってくれる。特に、目の表情は睫毛と共に眉毛が個性を加味してくれる。それに気付いてからは、自前の眉毛に戻そうとしたが、何度も抜いたり剃ったりしたせいか、同じようには生えてくれない。そういうと、希林さんはため息をつきながら諭してくれた。

「16歳の頃の美代ちゃんのもしゃもしゃ眉毛が可愛かったのにさ。本当に余計なことをしちゃうもんだよね」

その言葉が今なら身にしみてわかる。もっと美しくなりたいと願う女の業の深さが、人を過度なメイクや美容、ダイエットや整形へと走らせる。けれどそれが往々にして、本質の美から遠ざかり、自分らしさを失わせてしまう原因になることも少なからずあるのだ。

50代はずっと老いるのが怖くて嫌だったけれど、希林さんのそばにいるうちに、次第に老いるのもそう悪くないと思えるようになっていった。

今だって嬉しいとまでは思えないけれど、希林さんがいうように「老いていくことを楽しまなきゃ」と感じ始めている。

年齢に沿って変化していくことを受け入れて面白がり、その時々の生き方を自分で見つけていくしかない。それが、人間として美しいあり方なのだろうと、希林さんの生き方を見て気付かされた。

そんな希林さんは外見だけではなく、人としてちゃんと生きている人を認めていた。一方、人として許せない生き方をしている人との共演は全て断っていた。

今の私は役者としてはもちろん、一人の女性としても、老いを恐れて過剰なケアはしない。シンプルで日常的なケアとたまのエステで十分だと感じている。それでは、日々刻まれていくシワは減ったりしないけど、歳相応の清潔感があればいいのではないだろうか。

これは自分や周囲の同世代を観察し続けた上での実感なのだけれど、おそらく、若い頃から過剰なケアを続けていた人は、自分の肌本来が持つ力が弱まっていく。どんどん過敏で過保護な肌になっているようだ。

小さな変化でも過敏に反応して荒れてしまうから、より強いケアをして、また過敏になっていくという悪循環。私としては、肌も生き方同様に、自立を促したほうがいいと思っている。希林さんはいつだって石鹸で洗顔するだけなのに、ツルツルだった。

こんな風に老いていく自分を面白がって観察したり、向き合ったりを続けていたら、いつの間にか、その恐怖を乗り越えられていたように思う。60代の今は、「どう見られたって構わない」という境地にたどり着いたような気がする。映画のスクリーンに、このシワが刻まれた顔がドーンと映ろうと、ノーメイクの顔や、すごい形相の自分が映ろうと、全く気にならなくなった。

むしろ、それが監督や作品にとって好ましいものならば幸せだ。心の底からそう思えるようになったのは、やはり、希林さんのおかげに他ならない。これからも演者としてはもちろん、一人の女性としても老いには抗《あらが》わずに、しなやかに付き合っていきたいと思う。

とはいっても、グレーヘアーに出来るのはいつだろうと悩んでしまうのだが。

結婚のこと

中学校から厳格な女子校に通っていて、16歳で芸能界に入った私は、それまで恋と呼べるほどの感情を味わったことがなかったように思う。

女子高生の頃は、周辺の有名男子校の男の子と友だちの紹介で会ったり、通学途中や文化祭で交流を持ったりするのが楽しかったくらい。

友だちは、慶應ボーイが好きな子が多かったけど、私はお坊ちゃまなイメージの慶應ボーイよりも、断然、駒場東大派に名乗りを挙げていた。当時から無頼でちょっと不良っぽい人が好きだったのだ。テレビや映画で観ていたスターも、当時は、ジュリーこと沢田研二派とショーケンこと萩原健一派に人気が二分されていたけれど、私は断然、ヤンチャで男っぽいショーケン派。

ショーケンはすごく男っぽくて、ちょっと面倒臭いくらい人間味があって、チャーミングでかっこよかった。

高校を辞めて芸能界に入ってからも、恋なんて遠い存在だった。当時の芸能界は今よりもずっと閉鎖的で厳しかったし、さらにはメールやSNSなどのツールもないから、現場で気になる人ができても想いを伝え合う術《すべ》もなかったから。

吉田拓郎さんに出会ったのは、19歳の時。仕事は相変わらず忙しく、刺激的な毎日を楽しんでもいたけれど、一方では言い知れぬ寂しさもあった。同じ年頃の友だちが楽しんでいることや味わっているものが、私には一つも得られないと感じていた。

放課後の帰り道にカフェや洋服店に寄ることだったり、憧れの男子校の生徒とデートすることだったり。そんな淡くかけがえのない青春を送れないことへの不満があった。

そんな風にプライベートでは息苦しさを感じていて、もうすぐ、自分の中で何かしらの限界が訪れるかもしれないという頃に、吉田拓郎さんのラジオ番組にゲストで呼ばれたのだ。それ以前に、彼には私の楽曲を書いてもらったこともあった。それを聴きながら、「良い曲だな」と素直に思った。ラジオ番組は吉田さんの進行で和やかに楽しく進んだ。

「吉田さんのおかげで楽しかったな」

第一印象は、その程度だった。しかし、後日、彼は友人の南沙織ちゃんを通じて、私の電話番号を入手。突然、電話をかけてきた。

受けたのは、うちの母だ。吉田さんは、「吉田です」と堂々と名乗るものだから、母は他の吉田さんだと思ったらしい。もっと年配の、娘が仕事でお世話になっている〝吉田先生〟なのだと勘違いしていた。その時、三軒先にある友だちの家で遊んでいた私は、母に呼びもどされて、家に帰り、彼の電話に出た。

「浅田さん、もうすぐ誕生日では。みんなで祝おう」

それは、誕生日の前夜のこと。

みんな？　指定された場所に行くと、みんなはいなくて、彼ひとりだった。

それが全ての始まりだった。閉塞感のある芸能界、厳しいマネージャーと両親の目をかい潜るのではなく、吉田さんは正面からその壁を突破してきてくれたのだ。

恋に未熟で単純だった私は、それだけで胸がときめいていた。「何て男らしい人なんだろう！」と恋心に火がついてしまった。

私よりも10歳年上の吉田さんは、いつも堂々としていて余裕があって、愛を表現することのみならず、全ての行動がストレートでエネルギッシュな人だった。そんな吉田さんは、私にとって頼もしく、一際《ひときわ》、かっこよく感じられた。

学生時代の淡い恋をのぞけば、大人の階段を登り始めてからの初めての恋だ。恋にも青春にも飢えていた私にとって、吉田さんから得られたときめきや刺激は新鮮であり、貴重なものでもあった。

二人の関係がスクープされてからは、周囲はてんやわんやしていたものの、吉田さんは、付き合って1年目くらいでプロポーズしてくれた。行きつけのBARで二人で話していた時のこと。

一瞬、おしゃべりが止まると、吉田さんはコースターを手に取り、その裏側に何かをさらさら書いて、私に渡してくれた。そのコースターを裏返すと、「結婚しよう」と一言だけ。

その演出のスマートさもさることながら、ここから、自分の人生がまた変わっていくのかと思うと胸が高鳴った。とはいえ、全く迷いがなかったといえば、嘘になる。

当時の私は、まだ子供だった。芸能界に入って怒濤《どとう》の3年半を過ごしてきたけれど、年齢的にもキャリア的にも技術的にも、芸能人としての浅田美代子は、まだまだこれからであろうということは、誰に言われずとも私自身がわかっていた。

両親は大反対だった。もともと厳しくて保守的な父と母は、「まだ19歳だし、相手がミュージシャンだなんてあり得ない」と思ったようだ。特に、父親は怒り狂っていてとりつくしまもなかった。

結婚の話を切り出すと激昂《げきこう》して、家の二階にある私の部屋へと向かうと、「出ていけ!」と洋服ダンスから私の服を一度に何枚もつかみ取り、窓からブワッと一気に放り投げた。

驚いて、慌てて二階の窓から身を乗り出すと、盛大にまき散らされた色鮮やかな洋服たちが、道路一面に広がっているのが見えた。まるで花が咲いているようだなと、妙に冷静に眺めていたのを覚えている。短気な父親に辟易《へきえき》しながら、どこか客観的にその光景を眺めてもいた。

事務所も仕事仲間も反対だった。それでも、最終的に私が吉田さんとの結婚を決めたのは、ただ恋に溺《おぼ》れていたからだけではない。結婚を決めた理由は、主に二つある。

一つは、あまりにも多くの人に強く反対されたから。生来、私には「何事も反対されると燃え上がる」という気の強さやひねくれた部分があるのだ。そういえば、母も反対されながら結婚したという。芸能界に入ってからは、あらゆることを我慢し続けて、自我を押し込めてきたことへの不満も一気に爆発したのだろう。そして、何より父親への反抗心が大きかった。

母や私や弟には、厳し過ぎるほど厳しいくせに、自分は「飲む、打つ、買う」をフルでこなして、やりたい放題。そんな父にずっと嫌悪感と反抗心を抱いていた私は、早く家を出たくてたまらなかったのだ。

この結婚は父が最も反対していたからこそ、絶対に叶えてやろうという気持ちになったことは否定できない。

それから、結婚を決心できた理由のもう一つは、希林さんだ。「結婚したら芸能界を引退して欲しい」という吉田さんの要望にも悩んでいた私に、希林さんは、「結婚することも、専業主婦になることも良いことよ」と背中を押してくれた。

「専業主婦をちゃんとやれたら、人間として何でもできるようになるわよ。家を切り盛りするんだよ。しかも、報酬もないのに、家族のために尽くせるなんてすごい仕事だよ。美代ちゃん、やってごらんよ」

その言葉が私を前向きな気持ちにしてくれた。しかも、希林さんは、この結婚に反対する両親を説得しに、我が家に来てくれた。いつものように、希林さんは突然家にやってくると、母と向き合ってこう言った。

「お母さん、心配なのはわかります。でも、結婚は本人の自由ですよね。それに、美代ちゃんはもうやられちゃったんですから」

あまりにもストレートな物言いに、一緒にいた私も心臓が止まりそうになったし、母親も驚きのあまり、ぽかんとした後にさめざめと泣いていた。

あの瞬間は、思い返しても修羅場としか言いようがない。しかし、希林さんのおかげかはわからないけれど、結局、両親にも許されることとなった。

かくして、私は21歳で結婚した。そして、7年間の結婚生活を経て、離婚した。結婚している間は希林さんとは疎遠になった。

たぶん、芸能界の風のようなものを私に匂わせたくなかったのだろう。結婚する時も私の背中を押して、たくさんの力をくれたけれど、希林さんは直感がずば抜けて鋭いところがあるから、いつか私の結婚が綻《ほころ》んでしまう可能性があることも、当時から予感していたのかもしれない。それでも、私が選んだ道を応援してくれる人なのだ。娘の也哉子ちゃんが19歳の時に、本木雅弘さんと結婚した時も、希林さんは全く反対しなかったと聞いた。

「結婚は分別がつかないうちにしたほうがいいよ。今は一度も結婚しない人が増えているでしょう。あれは、年齢と経験を重ねて分別がつき過ぎちゃったからだろうね」

ある時、そんな風に言っていたことがある。たとえ綻んでしまったとしても、「一度は結婚してみたらいい。人として当たり前の経験ができるし、普通の感覚が身につくから。それは役者としての財産になるよね」とも。

希林さんの言葉は、私自身も年齢と経験を重ねるほどに実感している。結婚生活は悲しかったことも苦しかったことも嬉しかったことも全て含めて、私の人生にとって無くてはならないものだったから。

ロックな男とフォークな男

19歳の時に始まった吉田拓郎さんとの恋愛が週刊誌で報道された時のこと。希林さんと裕也さんは、興奮気味に連絡をくれた。

吉田さんに一度、直接会って話を聞きたいという。希林さんもたいがい好奇心が強すぎてお節介だけれど、それ以上なのが内田裕也さん。

この時も「何だと！　吉田拓郎だと！　美代子は騙されているかもしれないぞ。吉田拓郎に会いに行くぞ！」と言い出して聞かなかったのは裕也さんだったという。

私はもちろん、「そんなのやめてよ」と、強く引き留めたものの、何を言っても言うことをきく二人ではない。

私の知らぬまに、当時、吉田さんが毎日のように入り浸っていた「ペニーレイン」というバーに、希林さんと裕也さんは乗り込んでいって、吉田さんに詰め寄った。

「あんた、美代ちゃんとは真剣に付き合ってるの？」

「遊びだったら許さねぇからな」

「もちろん、真剣に付き合っています。将来も考えています」

吉田さんにあっさりと返されて、その夜は何事もなく終わったと後日聞いた。

希林さんも裕也さんも私のことを心配してくれていたのは間違いないが、一方では二人ともちょっと面白がっていたんじゃないかと思っている。

希林さんは、「真剣に交際しています」という吉田さんの言質《げんち》をとると、吉田さんについてはそれ以上、何も言わなくなった。結婚に限らず、私が選択することを常に尊重して、さりげなく応援してくれる人なのだ。とはいえ、裕也さんは、ずっとぶつぶつ言っていた。私と吉田さんが結婚している間も、「気に入らないんだよなぁ」なんて折に触れ、言っていたという。

裕也さんは、あの頃、吉田さんにイチャモンをつけたくて仕方なかったのだとすら思う。

当時の日本の音楽シーンには、「ロックvsフォーク」ともいうべき戦いがあった。

1970年代は、フォークソングが大きな人気と注目を集めていた時代だった。吉田拓郎さんをはじめ、井上陽水さん、かぐや姫……etc. フォークというジャンルに位置するミュージシャンたちが綺羅星《きらぼし》のような名曲の数々を生み出して、それが日本の一大ムーブメントになっていた。

裕也さんにとっては、それが気に食わなかったのだろう。音楽性はもちろん、その美学や生き様も含めて、生涯ロックンローラーとして生きていた裕也さんにとって、フォークのような叙情的な音楽は、しみったれている音楽であり、男の美学に反するものだった。それが、ロックよりももてはやされていることが、気に入らなかったのだと思う。

日本のロックシーンを牽引しているという自負があった裕也さんにとって、フォークシーンを引っ張っていた吉田さんは、理屈抜きで敵に認定。存在自体が気に食わずに、いつも何か理由を探しては喧嘩を売る準備をしていた。

吉田さんは、ロックに対する敵対心はなかったようだけれど、フォーク界隈のガキ大将のような存在。いつも音楽仲間や弟分たちに囲まれていて、男同士で「ペニーレイン」に溜まったり、あるいは家に集まったりしてしょっちゅう飲んでいた。

傍目《はため》にはそれが一大派閥に見えていて、やはり、そこも裕也さんの癇《かん》に障ったのだろう。しかも、吉田さんの行きつけの「ペニーレイン」と裕也さんの行きつけの「クロコダイル」は同じ原宿にあり、外ですれ違うことも多々あって、一触即発になることもよくあったようだ。

吉田さんと私が結婚してしばらくしてからのこと。ある夜、吉田さんが顔に傷を作って、疲れ果てて家に帰ってきたことがあった。どうしたのかと聞くと、吉田さんは、「裕也さんとその一派にやられた」と言葉少なに語った。

「あの人はずるいよ。自分じゃなくて、体の大きな弟分にやらせるんだから」

珍しく憤慨《ふんがい》している吉田さんを見て、言葉を失ってしまった。

裕也さんには裕也さんの言い分があったのだろう。後になってそう思えるようにはなったけれど、どっちもどっちだ。まるで子供である。

ロックvsフォークの名を借りた戦いは、なかなかに大人げがない。

ただ、私は当時、吉田さんの妻であったものの、どちらかに加担する気持ちにはなれなかったし、それ以上の詮索もしなかった。

男同士の戦いなんてどうでもいい。

ちなみに音楽的にも、私はロック派でもフォーク派でもない。海外の音楽派だったのだ。

そんなことは吉田さんにも裕也さんにも言えなかったけれど、それが本音だった。

久世光彦さんとの決別と再会

希林さんは不実が許せない人だった。どれだけ親交が深かろうとも、偉大な才能があろうとも、道理に反することを行った人を許さないし、認めなかった。

希林さん自身は誰に対してもズバズバとものを言って踏み込んでいく人だけど、人の道に反することは絶対にしない。その点では、私が人生で出会った誰よりも正義感が強く、根っからまっとうな人だと思う。

希林さんの役者人生において、無二の同志的な存在だったであろう、演出家の久世光彦さん。久世さんとの決別も、希林さんの正義感とまっとうさが引き起こしたものだった。

その当時、1979年は、私は吉田拓郎さんと結婚して芸能界を一時引退していた。だから、直接事の顚末《てんまつ》を聞いたわけではないけれど、大々的に報道された有名な話だ。

原因は、久世さんが自身のドラマに出演していた若手女優と道ならぬ恋に落ちて、その女性との間に子供をもうけたこと。そのドラマに出演していた希林さんは、ドラマの打ち上げのスピーチでそのことを揶揄《やゆ》しながら暴露したのだという。

その場を想像すると心身が凍る思いだ。久世さんはそのことがきっかけとなり、TBSを辞めることになってしまった。

でも希林さんは、それに対しては謝罪の思いを抱いていないように見えた。

後になって希林さん本人と周囲から話を聞いた。そのドラマの現場において、久世さんの不倫はスタッフにも共演者の間でも公然の秘密だったし、そのことで現場の士気はどんどん下がって行った。中には久世さんへ軽蔑の目を向けるものもいた。

希林さんにとって彼は朋友であり、同志だからこそ、そのことが許せなかったのだ。現場では公然の秘密だったことを、希林さんは打ち上げでつまびらかにすることによって、その流れを変えたかったのだと思う。希林さんなりの愛だったのかもしれない。しかし、そんな複雑な愛情は届くはずもなく、久世さんと希林さんは袂《たもと》を分かつことになった。


二人は、私にとって芸能の世界における母親と父親のような存在である。この世界で生きていくことを決意させ、役者としての自分の基礎を作ってくれた。初めての現場だったドラマ『時間ですよ』では、希林さんとマチャアキこと堺正章さんと、久世さんと4人で長い時間を過ごして、たくさんの思いを交わし合った。

そんなかけがえのない存在である二人が決裂してしまったのが寂しくて、希林さんには「久世さんと仲直りしようよ」と何度となく懇願したけれど、一向に聞く耳を持ってくれなかった。お互いに信頼と尊敬を抱きあっていたからこそ、その思いが裏返った時の反動は大きかったのかもしれない。

私は希林さんに懇願したものの、二人の仲を積極的に取り持つことができなかった。それには、理由がある。実は、私も私の事情で久世さんと絶縁中だったのだ。

きっかけは、私側にある。１９８０年、ＴＢＳを辞めてから久世さんは、自らの制作会社「カノックス」を立ち上げた。その記念すべき立ち上げ作品である映画とドラマで、私に出演オファーをくださったのだ。しかし、その時、私はまだ吉田さんと結婚している最中だった。私は、久世さんに恩返しをしたい気持ちで揺れていた。

すでに夫婦仲は綻び始めていたけれど、「家にいて欲しい」という彼の願いを聞き入れて、結婚を継続するための努力を続けていた。

そんな日々の中、烈火の如く怒り狂った久世さんから、家に電話がかかってきた。私は何のことやらわからずに尋ねると、久世さんは浅田美代子に出演オファーをしようと、会社のスタッフに私の家に電話をかけさせた。その電話を吉田さんがとったのだ。出演依頼であることを知った吉田さんは、激昂してこう言ったのだという。

「浅田美代子なんて、もうこの世にいないんだよ!」

かつて、テレビドラマに出たり、アイドル歌手をやっていた〝浅田美代子〟は結婚とともに引退した。今、ここに生きているのは、吉田拓郎の妻である吉田美代子である。吉田さんは、そう伝えたかったのだろう。

しかし、久世さんはスタッフからその話を聞いて、怒り狂った。至極、当然の話である。私にとって久世さんは、芸能界の父であると同時に恩人なのだから。その大きな恩を仇で返すようなことになってしまった。

私は、ことの顚末を聞いて、震え上がりながらも、久世さんが立ち上げたばかりの会社に直接謝罪しに行った。部屋に入ると、表情を曇らせた久世さんが腕組みをして座っていて、その背後には、その映画とドラマの配役が書かれたボードが置いてあった。

押し黙る彼を前に怯《ひる》みながらも、ふとボードに視線を移すと、そこには浅田美代子という文字の上に大きなバッテンがついていて、名前の横には「死亡」と書かれていた。吉田さんの「浅田美代子はもういない」という言葉に倣《なら》ったものなのだろう。

浅田美代子は、この世にいないものとされていた。その文字を見つけた瞬間、膝から崩れ落ちそうになった。もう、あとはどんな会話を交わしたのかよく覚えていない。とにかく必死で謝って、形式上、謝罪は受け入れられたものの、それから長い間、久世さんと会うことはなかった。その後に私が離婚して芸能界に復帰してからも、長く声がかかることはなかった。

長い時を経て、ある時、希林さんと久世さんに雪解けが訪れた。二人の間には、あれだけの大きな雪山が立ちはだかっていたにもかかわらず、大きなきっかけもなく、二人は再び仕事をするようになった。ただ、時間がその雪をとかしてくれたのだろう。

ドラマ『寺内貫太郎一家'98秋』を始め、晩年も再び二人でいくつかの作品を残した。私も、『寺内貫太郎一家'98秋』で希林さんとともに、久々に久世さんの作品に出演することになった。

昔の感傷にひたることもなく、淡々とともに作品作りをした記憶がある。良い思い出も、決裂した時期のこともわざわざ語り合わなかった。歳をとるとは、こういうことなのかもしれない。

かつてのように腹を割って何でも話せるわけじゃないけれど、あの頃の思い出が今も宝物であることには変わりなく、私にとって久世さんは希林さんと同じく、永遠にこの世界の親であり、師でもある。

久世さんは2006年、70歳で今生《こんじょう》から旅立った。母の死の時、「70か。早すぎるよなあ」とつぶやいた久世さん。「早いな。母と同じ70歳なのか」との想いがよぎった時に、私にとって久世さんは、やはりかけがえのない存在なのだと気づかされた。

少年のような西城秀樹さんのこと

２０１８年の春のこと。希林さんと永いお別れをする４ヶ月前に、もう一つの辛い別れがあった。

西城秀樹さん。彼は大スターだけれど、私とは同じ事務所で、ほぼ同世代ということもあり、どこか同輩のような兄弟のような親しみを自然に抱いていた。私にとってずっと貴重な存在だった。

秀樹と希林さんと私は、ドラマ『寺内貫太郎一家』で共演して以来、時を経ても交流を持ち続けていた。

希林さんにとって私と秀樹は、年下の友人でもあるけれど、つい世話を焼きたくなる、ダメな娘と息子のような存在だったのだと思う。

「二人ともそろそろ結婚しないとね。家庭は持った方がいいよ」

早々にバツイチになって以来、遅めの青春を謳歌していた私と、40代半ばに差し掛かろうとも相変わらず独身の秀樹に、希林さんは折に触れて発破《はっぱ》をかけていた。

だが、いつまで経っても再婚しなそうな私を見て、いつしかそれは「美代子には家を、英樹には嫁を」になった。

秀樹には発破をかけるだけでなく、実際に女の子を紹介しようともしていた。しかも、まだ、10代くらいの女の子！　当時の秀樹とは、30歳近くも違う。

「何、考えてるの？」

「だって、秀樹みたいな純粋でまっすぐな人は、若すぎるくらいの女性がちょうど良いんじゃないかと思ってさ」

「でも、さすがに10代はなぁ……」

3人でご飯を食べながら、そんなやりとりをして笑い合った記憶がある。

希林さんのいうとおり、秀樹は幾つになっても少年のようなところがある、ピュアで一本気な人だった。まっすぐすぎるし、優しすぎるから、いつまでも独り身では心配だと慮《おもんぱか》る希林さんの気持ちも理解できる。

たとえば、こんな思い出がある。舞台『寺内貫太郎一家』が無事に千秋楽を迎えて、その打ち上げをかねて、加藤治子さんと希林さんと私は3人で温泉旅行に行こうと、秀樹のよく知る伊豆の温泉宿を紹介してもらった。当日、宿にたどり着くと、そこには先回りして到着していた秀樹が私たちを迎えてくれた。

「わざわざ来てくれたの？」

「じゃあ、一緒にご飯食べて温泉入ろう」

喜ぶ私たちに、秀樹は、「でもね、すぐに帰らなきゃいけないんだ」と神妙な面持ちだ。

事情を聞けば、その日は、秀樹のお父様のお通夜の日だったのだ。それでも、自分が紹介した宿で、何か不備があってはいけないから顔を出したかったのだという。それも広島から。

「わざわざ来なくていいのに！」と言いながらも、私たちは秀樹の優しさに改めて感動してもいた。こんなにも優しくて細やかな気遣いができる大スターを、私は他に知らない。

それでいて、危なっかしいほど純粋な人だから、希林さんもつい何かと世話を焼きたくなったのだろう。「そろそろ結婚を考えなさいよ」としきりと勧めてくる希林さんに秀樹は切り出した。


「実はね、最近、素敵だなと思っている女性がいるんだよね。まだ出会ってまもないし、恋愛になるかどうかわからないんだけど」

「えっ、そうなの？　早く言いなさいよ。私に会わせてよ」

「まだ付き合ってもいないのに？」

「いいじゃない。秀樹がいいと思う女性に、私も会ってみたい」

「わかったよ」

こういった時の希林さんは有無を言わさず強引だ。そして秀樹が希林さんに紹介したのが、のちに奥様となる美紀さんだった。聡明で控えめな美紀さんを、希林さんは大いに気に入ったようだ。

美紀さんを送り出した後、「いいじゃない！　あの人と結婚しなさいよ」と満面の笑みで秀樹に伝えていた。あの時点では、まだ、秀樹の美紀さんに対する思いは、恋心にまでは発展しておらず、好意の芽が膨らみはじめたばかりだと話していた。

だから、その1年後に実際に二人が結婚に至ったのは、希林さんの一言が後押しになったところがあったに違いない。


かくして、秀樹の長い独身生活は、46歳で終わりを告げた。いわゆる晩婚にもかかわらず、3人のお子さんにも恵まれ、幸せな家庭生活を送っていたように思える。希林さんは、それを本当に喜んでいた。

結婚して以降は、前ほど頻繁に会っていたわけではないけれど、私たち3人の交流はずっと続いていた。

秀樹は、しっかりと家を支えてくれる美紀さんのもとで、ますます仕事にも邁進《まいしん》していた様子だったけれど、一方、彼は結婚直後に初めての脳梗塞に倒れてもいたのだ。

そんな彼に、病は容赦がない。秀樹は再び脳梗塞に倒れてしまった。それでも、家族の愛に包まれながらまたリハビリと療養を重ねて、復帰したものの、その後も何度も同じ病に倒れた。その都度、あの純粋さとまっすぐさをもって病を受け入れて戦っていたのだろうと思うと、胸が痛かった。どれほど過酷な日々だっただろう。

希林さんと私は、記念すべき、秀樹の還暦コンサートに呼んでもらった。若かりし日のように、軽やかにダイナミックに歌い踊れるわけではない。けれど、それでも、精一杯のパフォーマンスをやり切っている秀樹はエネルギッシュでかっこよかった。

そのステージには、新御三家として青春をともにした、野口五郎くんがサプライズでケーキを持って登場もした。その時の秀樹の嬉しそうな笑顔は、今も忘れられない。

「でもさ、頑張りすぎなんだよね」

希林さんは帰り道に、複雑な顔でつぶやいていた。そうだよね。私たちは、秀樹のことを長らく知っている。彼を愛しく思う者同士として、ずっと心配だった。

何度、病に倒れても、全力でリハビリをして、体を絞り、ボイストレーニングを重ねていた。秀樹は、最後の最後まで、決してステージに立つことを諦めなかった。愛する家族のため、自分を求め続けてくれるファンのためとはいえ、どう見ても頑張りすぎているのではないかと思う気持ちは、私にもあった。

２０１８年4月、秀樹は63歳という若さで旅立った。

車椅子でもいい。口がまわらなくてもいい。ゆっくりとゆっくりと、まだ幼い子供達のためにに生きていてほしかった。

もう少し遊びたかったし、一緒に歳をとっていきたかったけれど、今はしばしのお別れだ。今頃、天国で希林さんに再会していることと思う。

「頑張りすぎたわね。でもさ、いい人生だったんじゃない?」

そんな風に突っ込まれているかもしれないと想像すると、寂しいけれど、自然に笑みがこぼれてもくるのだ。

冬は河豚、初夏はさくらんぼ

六本木駅からほど近くの狭い路地に、河豚の名店がある。

河豚愛好家のみならず、多くの美味しいもの好きたちを魅了し続ける店「味満《あじま》ん」に、希林さんと私は毎年、冬になると二度、三度と訪れた。時折、他の河豚店に浮気してみるものの、「やっぱり味満んよね」となってしまうのだ。熱々のヒレ酒を手に「美味しいねぇ」と二人で言っていると、カウンターから味満んのお父さんがニコニコ私たちを見て、微笑んでくれた。

狭い店内はいつも混み合っていて、芸能人や著名人の姿も多く、誰と誰が何をどんな風に食べているのかも見るともなしに見えてしまうし、聞くともなしに聞こえてしまう。ある時は、一世を風靡《ふうび》した中年俳優が若い女の子と連れ立って来ていて、気取った様子でウンチクを垂れながら、持ち込みの赤ワインとともに河豚を食していた。向かいに座る希林さんが、その様子にじろりと目を向けた後につぶやく。

「何を考えているんだろうねぇ」

明らかに憤慨している。彼が既婚で不倫の常習犯であることではなく、赤ワインの持ち込みが気に入らないのだ。

「河豚には、ヒレ酒でしょうよ」

周囲にも聞こえそうな声におののきながら、私も透明な河豚刺しを箸でさっと数枚すくい上げて口に放り込み、ヒレ酒をまた一口。

「やっぱり、ヒレ酒よね」と返して笑い合った。


希林さんとの記憶をたどると、そこには、いつも美味しいものがある。一人で生きている女が二人集えば、美味しいものを食べることと話すこと以上の至福はそうそうない。都内を歩いていると、希林さんとの美味しい思い出が各所の道のはしばしにこぼれ落ちている。

「味満ん」のほか、西麻布のフレンチレストラン「エピスカネコ」は、希林さんの別宅と言えるほど一緒に通い詰めた。渋谷付近に映画を観に行った帰り道は、必ず「麗郷」へと足を向けた。しじみのにんにく炒めと腸詰め、焼きビーフンが希林さんの好物だったのだ。

代官山の小川軒も大好きなお店だ。ここはランチの方がお得だからと、お昼時によく食べに行った。希林さんは、裕也さんともよく行っていた。夜は裕也さんがお酒を飲むと面倒なことになるからと、夫婦で行くのもいつもランチ。

それから、パレスホテルの1階にある「グランド キッチン」は、何気なくオーダーしたローストビーフが絶品なことを知って以来、私たちの行きつけのお店の一つに加わった。

その他にも、いろいろ行ったなあ。


我が家にもしょっちゅう希林さんはやってきて、食卓をともに囲んだ。

「何してる？　今から美代ちゃんちに行こうかなぁ」

いつも突然、夕方くらいに電話がかかってくると、私は冷蔵庫の中にあるもので、急いで何かしらをこしらえて、希林さんを待つ。意外と料理が得意な私は、実は手の込んだものも作れるのだけれど、希林さんは神出鬼没な人だから、材料の準備ができないし、時間も取れない。

「何もないけどいいの？」

「いいよ。私の家に干物があるから持っていくね。美代ちゃんの家にもそうめんくらいあるでしょう？　干物焼いて、そうめん茹でて。そんなものでどうよ？」

いつもこんな調子。とはいえ、干物とそうめんだけではと、急ごしらえで作るありもの料理を希林さんは、「美味しい」と嬉しそうに食べてくれた。

とりわけ気に入ってくれたのは、季節の野菜をさっと茹でた温野菜サラダ。料理とは呼べないほど簡単に思えるだろうけど、実は私なりのこだわりがある一品だ。たとえば、秋のサラダなら、南瓜、ゴボウ、オクラ、いんげん、ハスなど旬の野菜を入れるのだけれど、それらを一緒くたに茹でるわけじゃない。各々の野菜の個性を生かし、それぞれの旨味や食感を損なわないように熟慮して、全て火入れ時間を変えて茹で加減をベストにする。

私は普段は大雑把《おおざっぱ》な性格だけど、料理に関しては細部まで計算し尽くして作っているつもりだ。ドレッシングは、小口切りにした葱をサラダ油に浸しただけのシンプルなもの。この葱油を野菜にのせてから、各自、お好みの量の醬油を回しかける。

この上なく、シンプルな一品。だけど、しみじみとおいしいのは、季節の味と尊い命をまるごといただいている幸福感があるからなのだと思う。

希林さんは、旬の食材に目がなかった。冬は河豚に蟹、秋は茄子が大好物。茄子に関しては、糠《ぬか》漬けでも、焼き茄子でも、味噌炒めでも、どんな皿を出しても、希林さんはご機嫌だった。

それから、松茸を一緒に食したことも忘れ難い。希林さんは毎年、自宅に送られてくる松茸を抱えて、我が家を訪れるのが恒例だった。

「美代ちゃん、今年も来たよ！」

毎年、たくさんお裾分けしてくれるから、二人でたらふく贅沢に松茸をいただいた。お吸い物に、松茸ご飯に、焼き松茸……と、あらゆる料理で楽しんでいた。

「美代ちゃん、今年は松茸のピザにしようよ。昔、代官山のレストランで一緒に食べたじゃない？　あれ、美味しかったよねぇ」

ある年、希林さんに提案されたものの、松茸のピザなんてどう作ればいいのか……。それでも微《かす》かな舌の記憶を辿って、味のバランスを考えながらレシピを考えた。ピザ生地には、トマトペーストを塗ってから松茸を贅沢に敷き詰め、チーズをかけて焼いてみた。

すると、希林さんは、「これだよ！　美味しいねぇ」とますます上機嫌になって、ピザを頬張りながら赤ワインのグラスをあっという間に空にして、ソファに横になるとそのまま眠ってしまった。

希林さんはフルボディの重たい赤ワインが大好きで、ワインを飲むとソファで眠り込んでしまうのはよくあることだった。

初夏はさくらんぼ。毎年、私が知人から取り寄せて希林さんに贈っているさくらんぼは、大玉でみずみずしく甘い。希林さんはそれをいつも楽しみにしてくれていた。人からものを贈られるのは「苦手」と常々語っていたものの、〝美代ちゃんからのさくらんぼ〟だけは、心待ちにしてくれていた。

希林さんが亡くなる前年の冬は、何度、電話をしても「味満ん」の予約が取れなかった。仕方なしに、季節外れの6月に河豚を食べに行った。

「やっぱり河豚は冬が旬だよね」

希林さんは、残念そうにヒレ酒を飲んでいた。

「また来年来ればいいじゃない」

「そうだよね。次の冬は早めに予約取ろうね」

そう言い合って帰路についた。けれど、次の冬は訪れなかった。旬のものは旬のうちに食べようと、いっそう強く思うようになったのは、あの冬に希林さんとの河豚を逃したからかもしれない。

我が家で私が手料理を振る舞っていた代わりというわけでないけれど、外食は希林さんがご馳走してくれることが多かった。でも、河豚だけは別。いつ何時も割り勘だった。

「あんなに高いもの、おごってもおごられても嫌だよね〜」

その通りだ。どれほど長い付き合いになってもこの距離感、この塩梅《あんばい》の良い優しさがあるからこそ、私は希林さんに心置きなく甘えられたし、希林さんと仲良くしていられたのだ。

毎年、河豚の時期になる度、スーパーで秋茄子や松茸を見かけるにつけ、美味しい記憶とともに、希林さんとの楽しかった時間を思い出す。

希林さんと裕也さん――不可解な熟年夫婦

芸能人然とした振る舞いも趣味も忌み嫌っていた希林さんだが、ハワイが大好きだった。毎年、年始になると、ハワイへと向かう。夫の内田裕也さんが年末の「New Year Rock Festival」が終わった後にハワイに渡り、1ヶ月ほど滞在する。そのうち1週間ほど、希林さんもハワイで過ごすのだ。

私も年始はハワイで過ごすことが多い。希林さんとは別々に行くのだけれど、現地で連絡を取り合って、何度かご飯をともにする。

ハワイに滞在中、夕陽が大好きな希林さんは、必ずホノルルビーチから出港するサンセットクルーズ船に乗る。ディナータイムの少し前、太陽がゆっくりと落ちていく時間帯に、ハワイの海を周遊しながら、夕陽が沈みゆく様を眺めるのが目的だ。

その観覧船に、毎年、希林さんは裕也さんと乗る。

「美代ちゃんも行こうよ」

「私はいい。二人で行ってきなよ。ディナーで会おうね」

毎年、そんなやりとりを重ねた後に、二人を送り出す。部屋から船に乗り込む姿を見守っていると、人目が多い場所にもかかわらず、二人は手を繋いで船のタラップをゆっくりと上っていく。

転ばないように支え合うために、手を繋いでいるだけなのだろうが、その光景は、何とも微笑ましく感慨深いものがあった。


長年の友人とはいえ、希林さんと裕也さんの関係は、不可解だとずっと思っていた。娘の也哉子ちゃんだって「理解できない」と言い続けていたのだから、二人の関係は永遠に二人にしかわからないのかもしれない。

不倫や不貞など、人の道に反したことが何よりも嫌いだった希林さん。だけど、裕也さんに関しては、恋をしようが喧嘩をしようが借金をしようが、どれほどヤンチャな所業を目の当たりにして迷惑をかけられたとしても、決して切り捨てることがなかったし、悪口をいうことすらもなかった。

「あの人は仕方ないのよ。純粋過ぎるんだから」

何かあるたびに希林さんを心配する周囲を諭すように、そう言う。たしかに裕也さんは、真面目で純粋な人だった。政治にも人間関係にも同じように本気で怒り、私のことも本気で心配してくれた。強面《こわもて》の裕也さんが私のことを「美代ちゃん」と呼んでくれることに、少し戸惑ってもいた。

私が離婚した時は背中を押してくれたのに、なぜ、自分は離婚を選ばないのか。長らく別々に暮らしているにもかかわらず、結婚を形だけでも継続しようとしていたのはどうしてなのだろう。

希林さんは、「子供にも世間にも、夫の悪口は言わない」と決めて、それを貫いていたけれど、裕也さんの女性関係や借金問題などが度重なった時は、希林さんも、さすがに苦しかったのだろう。私と二人きりの時間に、何度かは胸の内をこぼしてくれたことがある。

「頭きちゃうわよ！」

とうとうと語るわけではないけれど、怒りを滲《にじ》ませながらも葛藤を溢《こぼ》す希林さんのそばにいた。

「でもさ、私がここで助けなくても、裕也って誰かに助けてもらえたりするんだよね。裕也は、なぜか人に愛されるから」

「裕也は99％ダメ人間だけど、1％だけ光るところがある」

「離婚しないのは、子供がいるから。私は離婚すれば、他人になれるけど、也哉子は裕也と他人になれないから」

そう言われると、結局は納得せざるを得ないのだ。

そういえば、希林さんは裕也さんといる時は、いつも「お父さん、お父さん」と裕也さんを立てていた。そしてどこか楽しそうにしていた。

ある時、希林さんはこう言った。

「美代ちゃん、見方を変えれば人って変われるんだよ。いつも裕也と喧嘩のようになってしまうから、自分が悪いのかもしれないと思って謝ったのよ。今までゴメンナサイね。私が悪かったわって。そうしたら、裕也がビックリして、それから変わったのよ」

え？　希林さんは何も悪く無いのに……。でも、そうして見方を変えることで、裕也さんが怒らなくなり、二人の関係がよくなったのは事実だ。


希林さんは、夕陽を眺めるのが好きだった。一緒にどこかを旅していても、東京で過ごしていても、美しい夕陽に出会うと吸い寄せられるように、夕陽がよく見える場所に立つ。夕陽に照らされながら、陽が完全に落ちきるまで眺めている。

ある時は私の房総半島の別荘に向かう道すがら立ち寄った海ほたるで、ある時はバリ島の海辺で、美しい夕陽を心ゆくまで味わった。

都内なら、渋谷のホテル、セルリアンタワーの最上階にあるバーは、希林さんのお気に入りの夕陽スポットだ。薄暮の時を狙って窓際の席に着くと、赤ワインを飲みながらマジックアワーを二人で楽しんだ。

そういえば、ハワイでは観覧船の夕陽クルーズのほかに、もう一箇所、希林さんがお気に入りの夕陽の絶景スポットがある。ワイキキの西のはずれ、カイマナビーチ沿いに建つミッシェルズ・アット・ザ・コロニー・サーフという老舗のフレンチレストランだ。

窓から、ハワイの夕陽が店内いっぱいに差し込んできて、人々をオレンジ色に照らす、幻想的なほどに美しい時間が流れる場所——。

希林さんはハワイに滞在するたびに、この店を訪れた。ある年のこと、私と希林さんと裕也さんと、3人でこの店に行った。燃えるような夕陽を浴びながら、シャンパンで乾杯した。ロブスターやステーキなどに舌鼓を打ちながら、ワインが進む。

いつも通り酔っ払って、酔っ払うとさらに饒舌《じょうぜつ》になる裕也さんは、これまでの恋愛について嬉しそうに語り始めた。しかしこの夜は少々度がすぎた。

「あの女はさ、すごくいい女だったんだよなぁ。色気があってね……」

過去の恋人だった女優について相好《そうごう》を崩しながら、誇らしげに語る。滔々《とうとう》と武勇伝のように不倫関係をあけすけに話す裕也さんを見て、私はふつふつと怒りがこみ上げた。

「そんなのイイ女なわけないじゃん！　裕也さんが結婚しているのを知っていて、積極的に恋愛しているんだもん。それにね……」

思いつくまま、感情の赴くまま、言いたい放題。その女性の悪口を言いまくる私に、目を丸くして言葉を失う裕也さん。言いすぎたかなとも思ったけれど、ふと気づくと隣にいる希林さんが、私が裕也さんを責めるのを眺めながら楽しそうに微笑んでいた。

その表情を見て、私は怒りながらも、思わず、苦笑いしてしまう。どれだけ振り回されようとも、決して、自分では夫の悪口を言わない希林さんも、友だちには不肖の夫をなじって欲しい夜もあったのだ。その後、何度も「あの時の裕也、おかしかったね。笑っちゃうね」と言っていた。そんな希林さんがなんだか可愛かった。

「裕也はね、私の重しなんだ。仕事もうまく行っているし、不動産だってあるから食いっぱぐれることもない。娘家族とも仲良くしていて、孫もいるじゃない？　けっこう幸せだから、一つくらいは重しがないと、人生バランスが取れない。何だか申し訳ないとも思う。すべては手に入らないっていうのが、まっとうな人生じゃない？」

晩年には、裕也さんについて、こんなふうに語っていたこともあった。

二人の関係性はずっと理解できなかったけれども、年が経つにつれ、何だか素敵な夫婦に見えてきた。

あれほどまでにぶつかり合い、傷つけ合った二人も、人生の夕暮れ時が訪れる頃には、いつの間にやら手を繋いで歩くほどに仲睦まじくなっていた。

一つ屋根の下に暮らさずとも、二人だからこその絆が育っていた。希林さんは、生涯、裕也さんとともにあることを望み、裕也さんも希林さんの手を最後まで離そうとはしなかった。ふと思う。長い時間をかけて、本物の夫婦になっていくのだろうか、と。

夫婦とは、男と女とは、つくづく不可解で味わい深いものである。二人のそばにいて、それだけはわかった。

身勝手な愛

私の還暦の誕生日は、希林さんと二人で過ごした。昔から誕生日を盛大にお祝いされるのが苦手なのだけれど、生涯に一度きりの還暦の年の誕生日。事務所のスタッフなり、仕事仲間なり誰かしらが祝ってくださるかもしれないと思って、その日は予定を空白にしておきたかったのだけれど――。いつものように希林さんから電話がかかってきた。

「美代ちゃんの誕生日は、今年も温泉に行こう」

「いやね、さすがにさぁ。今年は私も自分の誕生日会をやるかもしれないよ……」

口ごもる私を気にも留めず、有無を言わさない。

「そんなのね、そっちの日にちを変えてもらえばいいじゃない」

「一生に一度のことなんだけど？」

「いいの、いいの。行くよ！」

結局、周囲の人々はみんなお祝いされるのが苦手な私を慮《おもんぱか》ってか、誕生日の当日にも強く誘ってくれる人は希林さんの他にはいなかった。

還暦の誕生日、２０１６年2月15日に私たちはいつも通り、箱根へと向かった。

希林さんと過ごした最後の10年ほど、ほぼ毎年、私の誕生日当日は、箱根の温泉に二人で泊まりに行くのが恒例だった。それ以前から誕生日は、スケジュールを合わせて二人でお気に入りのレストランで美味しいものを食べて、なじみのバーで飲みながらお祝いしたりしていた。

仕事の都合などで私の誕生日の当日に会えない時は、希林さんは必ず、留守電を入れておいてくれた。

「♬ハッピーバースデー、美代ちゅあん。ハッピーバースデー、美代ちゅあん……」

今も誕生日を迎えるたびに、希林さんのあの歌声が心の内で鳴り響く。

いつしか、毎年の誕生日は箱根の温泉宿、強羅《ごうら》花壇《かだん》に泊まってお祝いするようになっていた。そのきっかけは、希林さんの友人であるハリウッドランチマーケットの垂水さんご夫妻のお誘いだ。

希林さんが垂水家の新年会に参加した時に、ゲームで、強羅花壇の二人分の宿泊券を引き当てた。「もうすぐ、美代ちゃんの誕生日だからちょうどいいじゃない」と私を誘ってくれたのが始まりだった。最初の1、2年は垂水さんご夫妻もご一緒してくれた。

やがていつしか、私の誕生日は希林さんと二人きり、強羅花壇で祝うようになったのだ。

希林さんも私も、あの時が初めての強羅花壇というわけではなかった。温泉も温泉宿も大好きな希林さんは、すでに何度か訪れていたし、私も母との最後の家族旅行が強羅花壇だったのだ。偶然といえば、偶然のこと。


母が亡くなる数ヶ月前。これ以上、ハードな治療を続けるよりも、自由に外出して楽しい時間を過ごしたら良いという担当医師からの許可を得て、私は弟夫婦とともにこれが最後になるかもしれない母との旅行を企てた。

本当は母も私たちも大好きなハワイに行きたかったのだけれど、治療の管を抜いたばかりの状態で飛行機に乗るのは怖いと言う。確かに、消耗した体に飛行機での移動はあまりにもハードであろうと諦めた。それならば、母が大好きな温泉がいい。

しかも、近場で景観が美しく、家族でゆったりとした時間が過ごせる旅行がしたいと計画して、たまたま選んだのが箱根温泉で随一と言われる、強羅花壇だったのだ。

その時が私にとってのはじめての強羅花壇。母にとっては、最後の旅行にもなった。母は突然の病に侵されて入院してからも、日に日に体力が失われていっても、院内でのお風呂の時間を楽しみにしていたほどお風呂が好きだったのに、その時はあまりお風呂に入らなかった。

健康な時に泊まりに来たら、日に何度も飽きるまで入っていただろうに。治療の管を入れるために穴を開けた体で、お風呂に入ることが怖かったのかもしれない。部屋風呂に軽く浸かる程度だった。


希林さんとバースデー旅行に行くようになったのは、母が旅立ってしばらくしてからのことだ。

希林さんはすでに乳癌の手術後で片方の乳房を失った後だったから、やはり露天風呂などの外のお風呂には行かず、母と同じように部屋の露天風呂をゆっくりと楽しんでいた。

一方、私は露天風呂が大好きだから、「行ってくるね」と一人で何度も入りにいった。こんなふうに、希林さんと私は一緒に旅していても、いつも互いが自由に心地よいように過ごしていた。

一緒に旅行する時は同じ部屋に泊まっても、眠る空間が2箇所あるような少し広めの部屋をとる。私は「布団を並べて寝てもいいじゃない?」と提案するのだけれど、希林さんは、「私はいびきをかくから、美代ちゃんに悪いよ」と言って、布団が敷かれたスペースに陣取ると、広いベッドを私に譲ってくれた。

強羅花壇は、いわゆる高級旅館だけれど、宿代はいつも希林さんが私の分まで支払ってくれていた。

「悪いよ、いいよ。ここは流石《さすが》に高いもん」

「あなたは家のローンがあるでしょう。ローンがあるうちは私が支払うからね。ローンが終わったら割り勘にしましょう」

そう言われると「ごめん」と「ありがとう」を同時に伝えながらも、素直に好意を受け入れてしまう。希林さんが何かを与えてくれる時は、いつもこんな風に、こちらに気を使わせないような理由をくれる。


希林さんは、さりげなく与える人だ。私だけでなく、たくさんの人たちに対してそうだったと思う。たとえば、希林さんの行きつけだった、西麻布のレストラン「エピスカネコ」が立ち退きを迫られている話を聞いた時も、「じゃあ、私の家に移転すれば?」と提案して、実際に以前の自宅を明け渡していた。

「私もしょっちゅう食べに行けるし。一階でレストランをやって、上は自宅として住めばいいじゃない?」などと提案していた。希林さんは、押し付けがましさがみじんもない、優しさをさらりと渡せる人だ。

身近な人々に対してだけではない。表立ってはいないけれど、東日本大震災の時も被災した人たちに向けて、ずいぶんと寄付をしていた。世間には絶対に言わないだろうし、きっと寄付したことすら忘れてしまう人だけど。

私が見ていないところでも、どれだけ多くの人に与えていたかは計り知れない。でも、私が讃えたりしたら、「自分が勝手にそうしたいからそうしているだけよ」と希林さんはいうだろう。

私もいつか、そんな与え方ができる人になりたいと思う。希林さんのように、自然体で自分の思うがままに豊かなものを与えられる人に。そんな身勝手な愛が、誰かを幸せにできたら幸せだ。

私の中の悪女

世間における浅田美代子のイメージとはどんなものだろう？

映画『釣りバカ日誌』シリーズのみち子さんや『さんまのスーパーからくりTV』の影響がいまだにあって、〝明るくて天然ボケな人〟なイメージが根強いのではないだろうか。

これには、本人としても大きな異論はない。

私自身はあまり自分のイメージについて考えたりする方ではないけれど、そんな一面もあるだろうと思う。離婚直後は「離婚＝かわいそう人」という型にはめられることだけは嫌だった。

私は根っからお気楽な性格で、過去の嫌なことは振り返らない。昔も今も〝ケセラセラ〟が信条だ。つまり、人生はなるようになる。どれだけ苦しいことがあっても、明日は明日の風が吹くと思っているし、できるだけ、日々を楽しんで笑って生きていきたい。

ただし、人間としては、明るくてお気楽な性格の方が生きやすいけれど、役者としては違う。もっとドロドロとした感情や湿っぽさ、狡猾《こうかつ》さや意地の悪さも住まわせておいたほうがいいだろうし、そういう部分は私にだって、心の奥底にあると思う。

だからこそ、希林さんと一緒に映画を観に行ったり、ワイドショーを観たりしていても、意地悪な視点を持って大いに本音を語り合うのが楽しかったりしたのだろう。

「意地悪が言えるから、美代ちゃんといるのは楽しいのよ。やっぱり、いい子ちゃんなだけの人って、人間としても役者としてもつまらないじゃない」

希林さんは、よくそう言っていたし、私もそう思う。希林さんは、人間としての私の表も裏も知り尽くしていたからこそ、役者としての私のイメージが〝いい子ちゃん〟に偏り過ぎていることを気にしていたのだろう。

「あんたって、人知れず、意外と苦労しているのにね。それが全然、芝居に出てこないわよね。役者としてはもったいないよね。実は悪女役とかも似合うと思うのよ」

そう言って、ワイドショーやニュースで練炭殺人事件や青酸カリ連続死事件など、女性が男性を騙し殺すような凶悪事件が起こるたびに電話をくれて、「美代ちゃん、こういう役やりなよ。きっとしっくり来るよ」などと言っていた。

その度に私は、「私にはそういう話は来ないわよ」と軽い調子で返していたのだけれど。

2017年。実年齢62歳ながら38歳と偽って、次々に男性を籠絡《ろうらく》して投資名目で大金をだましとった〝つなぎ融資の女王〟の事件が世に報道された時、希林さんは、「この人を映画にしたら面白いよね。美代ちゃんにぜひやって欲しい」といつもより幾分、熱心に話していた。

希林さんはなぜそんなにも熱心に、この役柄を勧めて、さらには作品をプロデュースまでしてくれたのだろうか。おそらく、役者としてどこか突き抜けきれない私を心配してくれたことが最たる理由だと思うけれど、もう一つ。ワイドショーや映画を見て、さんざん毒舌を交わし合って、おそらく、私の中にある毒気を誰よりも知っていたからかもしれない。

私自身も、同世代である彼女に切なさとともに、どこかシンパシーを感じていた。凶悪事件を起こす心理は共感し得ないけれど、その女の部分にだ。

私たちは世の全てが華やかだったバブル時代に、最も楽しい30代という女盛りを過ごしてきた。あの頃の華やいだ気持ちや楽しかった記憶は、世の中が大きく様変わりしてもなかなか消えない。その快感をいまだ忘れられずに、ミニスカートを穿《は》いて、髪の毛を丁寧に巻き、いまだに若く見える女、男心を惑わす女であろうとしてしまう様子が切ない。

しかも、彼女のようにうっかり年下の男に恋してしまったら、ますます、自己認識や時間軸はずれていってしまうのだろう。

その時も、希林さんとの話題はそこで終わってしまって、私もすっかり忘れていたのだけれど、ある日、希林さんから電話がかかってきて、いきなり監督やプロデューサーの名前が告げられた。

「あの話を美代ちゃんが主演で映画にすることを決めてきたから。予算も時間も少ないんだけど、頑張りなさいね」

それが、私の45年ぶりの主演映画『エリカ38』が決まった経緯だ。あの頃の希林さんは、すでに闘病生活も長く体も弱っていたはずなのに、私が知らぬところで各所を回って資金の調達にまで自ら動いてくれたのだ。

「もし、資金を外から調達できなかったら、私が持っている不動産を売る覚悟もあった」

と言っていたと後に人から聞いた時は、感動するより先に驚いた。そこまでして、この映画を作ろうとしてくれたのかと。何においても稀有にクリエイティブでプロデュース能力も高い希林さんは、本作でもその力を発揮した。

「監督は、海外で頑張っていて、ドキュメンタリー映画で頭角を現している日比遊一さん。現実の事件を題材にしているこの映画にはぴったりだと思うし、もっと彼も日本でも評価されて欲しいからね。プロデューサーは奥山和由さんがいい。奥山さんは松竹をやめてもなお、あの映画愛と情熱は本物だと感じるから。きっと熱心にやってくれるんじゃないかな。美代ちゃんもなんとかやってるけど、役者としてステップアップしてほしい。そんな3人が揃ったら、きっと良い作品が出来ると思う」

こんな具合に、希林さんは、次々にスタッフやキャストを決めていった。木内みどりさんに声をかけてくれたのも、もちろん希林さんだ。ただし、私が演じたエリカの母親役に「樹木希林さんがいい」と監督やプロデューサーが要望した時は、しばらく渋っていた。私は私で希林さんにお願いすることはできずにいた。

「私はこの映画の製作もやってて、美代ちゃんとの付き合いも長いんだよ。それなのに、出演までしたら、あんまりにも内輪の作品っぽくならない？」

なかなか首を縦にふらない希林さんに、監督もプロデューサーも、「そこを何とか」「希林さんじゃないと、成り立たないです」などと、口々に熱心に口説き続けた。

「仕方ないね。私がやるのが一番いいよね。私が出ると、映画の格も上がるのよね（笑）」

最終的には、そんな冗談めかした本音を言いながら引き受けてくれた。

希林さんにとっては、「この事件を映画にしてみたい」という思いもあっただろうが、「浅田美代子を役者として、もっと何とかしてやらなきゃならない。新しい一面を引き出して、ステップアップして欲しい」という願いのほうが遥かに大きくて切実なものだったのだろう。それは、撮影前から身にしみてわかっていた。

そんな希林さんの大きな愛を感じとった上での久々の主演。しかも、私にとってはほとんど初めてのラブシーンもある。プレッシャーを感じていなかったといえば、嘘になる。それでも、エリカを演じるのは難しくも、楽しかった。

若かりし日の楽しい日々が忘れられず、還暦を超えても娘時代のような輝かしさと派手な生活を楽しみたくて、詐欺に手を染め続けたエリカは、夢を見続けるために海外に逃亡する。そして、逃亡先の国で、ものすごく年下の男の子に恋をして、生活の面倒を見て一緒に暮らしている。それは、彼女にとっては、それまでの人生で空いてしまった心の穴を埋めるような、純粋な時間だったのだろう。彼女のことについて、くる日もくる日も考え続けて挑んだ作品だ。

現場では、私の表も裏もすべてを知っている希林さんが、この映画を支えてくれていることに、緊張以上の安心感や喜びがあった。

本作の撮影中、希林さんに一度だけ叱られたことがある。それは、私がある場面を演じている時のこと。私はセリフがつっかえてしまったところで撮影を止めて、「もう一度やらせてください」とお願いした。すると、希林さんに「自分で止めるなんて失礼だよ。誰だって、言葉がつっかえることはあるんだから、言い直せばいいのよ」とぴしゃりと言われた。

役者は、その瞬間はその役を本当に生きている。役者たるもの、監督から「カット」の声をかけられるまでは、ただ、作品の中で生きていればいい。客観的に自分で自分をジャッジする必要はないということだ。

希林さんに言われて、その本質を改めて理解した。ドラマ『時間ですよ』で出会って以来、「普通の人を演じるのだから、普通の感覚を大切にしなさい」「技術を磨くより、まずは気持ちだよ」など、希林さんには役者としての心構えは教えてもらったものの、具体的に演技について助言を受けることはなかった。

けれど、エリカが融資説明会を開いて、大勢の人の前で説明する場面をどんな風に演じようかと考えていたら、「あなたは動物愛護の集会に出て、みんなの前で話す時は別人のような、力強くて説得力のある話し方になるから、あの感じでやりなさい」とアドバイスをくれた。

映画『エリカ38』は、無事に撮影を完了して、監督とスタッフとで編集作業に入った。編集作業の間、希林さんの病は次第に悪化していった。それでも、最初のラッシュ、粗削りの編集を観て、希林さんは貴重な意見を出してくれた。

だが、残念ながら、完成品を観てもらうことはできずに、この作品が希林さんの邦画としての遺作となった。

本作は、ロンドン・イーストアジア映画祭にて審査員特別賞をいただいた。希林さんとみんなの想いと力の結晶だと思う。けれど、正直なところ、私の演技に関しては、希林さんの大きすぎる愛に応えられたとは思っていない。だから、胸を探れば、悔いが残っている。

希林さんが亡くなった時、ニュースやワイドショーでは、本作の映像が希林さんの遺作として紹介されたけれど、そのたびに、「希林さんには、他にもたくさんの名作と名演があるのに申し訳ない」という思いが込み上げた。

それでも、まだ私には時間が残っている。これからの作品で、希林さんが喜んでくれるような演技ができたらいい。いつか、希林さんが心底、認めてくれるような役者になれたらと思う。その想いは、これからも役者として生きていこうと思っている私を支えている。

この映画の中には、私がとても好きなシーンがある。それは、希林さん演じる母と娘の私がともに、「赤とんぼ」を歌うシーンだ。

台本では、希林さんだけが歌うことになっていたけれど、希林さんの歌声を聴いていたら、自然に胸が熱くなり涙がこみあげてきて、気がつけばつい私も一緒に口ずさんでいた。それがそのまま、映画にも残っている。あの時、希林さんと私は本当の親子になれた気がした。

忘れられないプレゼント

いつ何時もモノを持ちたくない希林さんは、人からモノをもらうのも嫌いだった。プレゼントやお土産や記念品の類も一切、受け付けない。どんな距離感や関係性の相手であってもだ。

一緒にいる時に誰かにプレゼントを渡されて嫌がっている希林さんの姿は、たびたび見ていた。忘れがたいのは、二人でピーター（池畑慎之介）さんが越路吹雪を演じた舞台を観に行った時のこと。終演後にバックステージに挨拶に行くと、ピーターさんは記念に作ったTシャツを私たちにプレゼントしてくれた。舞台を終えて達成感に満ちた笑顔のピーターを前に希林さんは間髪入れずにきっぱりと言った。

「いやだよ！　いらないよ！」

いつものごとく、拒否反応を示す希林さんに、「パジャマにすればいいじゃない。記念だから、もらってよ」となかなか引かないピーターさん。

「寝巻きなら持ってます！　いらないったら、いらないの！」

語気を強める希林さんに、とうとうピーターも閉口してしまう。普段は仲良しの二人だけど、この時は、さすがに空気が悪くなった。

「それじゃあ、私が2枚もらおうかな。せっかくだもんね」

お愛想など言わない私がいたたまれなくなって、思わず割って入ったものである。


こんな調子の希林さんだから、自ら誰かに形あるものをプレゼントすることは滅多にない。だからこそ、まれにプレゼントしてくれるものは、至極、スペシャルなものばかりだ。

たとえば、ある時、孫である伽羅《きゃら》ちゃんの誕生日にプレゼントしたのは、人形作家・辻村ジュサブローさんのお人形だった。希林さんは可愛い孫たちとはいえ、普段はモノを買い与えないのだけれど、この時は、友人にオーダーして伽羅ちゃんによく似た、美しい人形を作ってもらったのだ。

「ホントはね、人形の髪は、伽羅の髪の毛を使って作りたかったんだけど、人毛は使えないっていうのよ。だから、人形が持っている鞄の中に少しだけ伽羅の髪の毛を入れてもらったの」

これは紛れもなく一生もののプレゼントだと思った。

私も美味しい食材や温泉旅行から多種多様な心がけまで、形としては残らないモノをあまりにもたくさん受け取ってきた。一方、モノとしてもらったものは少ないが、どれも特別なものばかりだ。

着物が大好きだった希林さんは、「美代ちゃんは着物を着なさい。背も高くないし、肩幅もないんだから、着物の方が似合うよ」とずっと言っていて、漆で織られた羽織など、私に似合いそうな着物をいくつか譲ってくれたりした。

大きなプレゼントといえば、車。出会った頃から希林さんは車が好きで、ヴィンテージのシトロエンをさっそうと乗り回していた。人とは違う車を選び、自分仕様にセンスよくカスタマイズして乗っている希林さんに憧れて、私が今も乗っているバンデンプラスプリンセスの改造車は、実は希林さんから譲ってもらったものだ。

希林さんが乗っている頃から、「良いな。かっこいいな」と散々羨ましがっていた、この車は、偶然にもナンバーが「３４３４」。

「美代、美代じゃん！　いつか、譲ってよね」

冗談まじりに、そう言い続けていたら、ある時、本当に譲ってくれた。私の母が病に倒れて、入院した時期のこと。

「病院にしょっちゅう行って、お母さんの買い物とかお世話をするなら、小回りの利く車が必要でしょう？　あの車、ぴったりだから譲ってあげるわよ」

そういって、譲ってくれたのだ。改めて思い返せば、母の病で酷《ひど》く気落ちしていた私を励まそうとしてくれたのだろう。あの車は乗り続けて、すっかり旧くなった今も、なかなか手放せないでいる。

それから、とりわけ忘れがたいのが、役者が舞台に出演する際に楽屋にかける、自分専用の暖簾《のれん》だ。この暖簾を役者は誰かに貰ったり、自分で用意し尊敬する役者の先輩などにサインを入れてもらうのが通例だ。

2017年、私が18年ぶりの舞台『ミッドナイト・イン・バリ〜史上最悪の結婚前夜〜』に出演することが決まった時のこと。楽屋にかける暖簾が必要だと気がついて、暖簾は自分で用意して、希林さんに、サインだけ頼もうと声をかけた。

「舞台の楽屋にかける暖簾を作ろうと思うんだけど、希林さん、サインだけしてくれる?」

「たまにしか使わないのにもったいない! 老舗のお店とかで買うの? 高いわよ。そんなのは、私が作ってあげるから」

有無を言わさず希林さんは、その日のうちに私のマネージャーに車を出すようにお願いして、生地と材料を買い揃えに行った。

サインする墨は消えづらいものがいいだろうと、東急ハンズに買いに行ったものの、たまたまお休みだったから、同じ渋谷にあるNHKの大道具さんまで借りに行ったという。

NHKにも馴染みの俳優とはいえ、その日の出演予定もないのに、受付が通してくれるはずもない。戸惑う受付の方々に向かって、希林さんはかぶっていた帽子をパッと取って言った。

「どうも、樹木希林です。何もしませんから通してください！」

「いやいや、困ります」

「何もするわけないでしょう？　わかるでしょう？　樹木希林ですから」

なおも止めようとする受付の人を半ば強引に振り切って、大道具部屋まで辿り着き、大きな筆と墨を借りてきた。

それから、希林さんはいったん自宅に戻ると自前のミシンで暖簾を一気に完成させて、その筆でサインを入れたものを私のもとまで届けてくれた。

「どう、いい感じでしょう。美代ちゃんの『赤い風船』にちなんで朱色の生地にしたのよ。あとから気づいたんだけど、楽屋暖簾って巾数は3つが多いんだよね。つい2つにしちゃったよ。でも、いいよね。別に、2つに分かれていようと、3つに分かれていようと出入りに困ることはないでしょう？」

プレゼントしてもらった鮮やかな色合いの暖簾には、希林さんの筆で「浅田美代子さんへ」という文字が記してあって、左端には風船を持った希林さんの似顔絵とＫＩＫＩ　ＫＩＬＩＮのサインが描かれていた。

どこかでサインを頼まれてするときや、仕事のやりとりなどのお返事をＦＡＸでするるときに、希林さんが描いていた似顔絵とサインだ。希林さんらしい精神と愛とユーモアのつまった暖簾は、その舞台中、私を励ましてくれただけでなく、共演者やスタッフの方々、終演後私の楽屋を訪れる人々を楽しませ、和ませてくれた。もちろん、今も家に大切にしまってあるだけでなく、写真にも撮って折に触れ眺めている。

もうひとつ。私は希林さんから、生涯に残るプレゼントをいただいている。母が亡くなった時のこと。母の墓石に刻む文字を希林さんが書いてくれたのだ。

これも石屋に頼むつもりが、「私が書いてあげるよ」と言ってくれた。希林さんの字は大好きだし、天国に行った母も喜んでくれただろう。

私もいつか、母と一緒にこのお墓に入る予定だ。

人は生きている間に、たくさんの愛を物や行為にのせて交わし合う。

希林さんには、数え切れないほどのかけがえのない無形のものをたくさんプレゼントしてもらったけれど、この暖簾と墓石の文字は、触れることのできる、数少ない愛のかたちである。

役の人生を積むこと

突然、河瀬直美監督から電話がかかってきたのは、2019年のこと。新作映画『朝が来る』の出演依頼だった。

監督が配役について考えを巡らせている時期に、希林さんが枕元に立って、「この役に美代ちゃんは?」というお告げを授けてくれたんじゃないかと私は思う。

60代半ばにして出会ったこの作品と役柄は、のちに、私の人生においてもとりわけ印象深く大切なものとなっていくことだろう。

本作で私が演じたのは、産んだ子供を手放さなければならない人と、子供に恵まれない夫婦をつなぐ特別養子縁組の団体の代表・浅見静恵だ。この役柄を生きるために、実際に養親になったご夫婦や、静恵と同じ立場の方々に何度も会いにいった。

血のつながりがなくても心血と愛情を注いで、その子を育てている人がいる。そうしているうちに、顔が似て来る養親と養子もいる。一方では、お腹を痛めて産んだ子供をうまく愛せずに虐待して、果ては殺してしまう親もいる。

「血のつながりとは何だろう？」と深く考えさせられた。

私が母を亡くしていちばん辛かった時に心を救ってくれたのは、飼っていた犬たちと希林さんの存在だった。希林さんとはいつも心は近く、仲は良くともお互いにべったりしない関係だ。その時々の互いの状況により、適切な距離を保って長く付き合ってきたが、私が母を亡くしてからは、希林さんはさりげなくもよりいっそう私のことを気にかけてくれるように感じられた。常に私のことをよく見てくれていたし、必要な時に必要な分だけ、寄り添って助けてくれた。

人が救われるのは、誰かに愛をかけてもらうときであり、自分もまたその人を愛するときだ。そこに血のつながりがあるかどうかや、人間関係の形式はあまり関係ないように思う。


はじめて河瀬監督と出会ったのも、希林さんが縁だった。

「ねぇ。面白い人がいるんだけど、会ってみない？」

いつもの軽い調子で誘われて、二つ返事で誘いに乗った。顔を合わせたのは、改装したばかりの東京ステーションホテルのフレンチレストラン。希林さんは、新しくて美しい建築が大好きなのだ。そこでランチのコースをいただきながら、なんてことのない世間話をしていた時、河瀬さんに突然、聞かれた。

「浅田さんは普段どんな生活をしていますか？」

「どんな生活……？　まぁ、仕事以外は犬まみれですね。朝は犬たち4匹に引っ張られながら散歩して。でも、体調が悪い日などは、本当は晴れていても『雨がコンコン降ってるよ』なんて犬に話しかけて、ごまかそうとしてみたりして（笑）」

その日は他愛もない会話を交わして笑い合って別れた。河瀬さんは物腰は柔らかくとも、物事を捉える鋭さは何気ない言葉や振る舞いの中からも感じ取れて、ちょっぴり怖い印象もあったけれど、素敵な人だなと感じた。河瀬さんが希林さんを敬愛しているのが伝わってきたし、希林さんと気が合いそうだなとも思っていた。


ほどなくして、河瀬監督から映画『あん』の出演オファーがあった。

「浅田さん、衣装合わせにいらしてください」

今、思えば、あの日のランチは、この映画のオーディションだったのかもしれない。そう気づいたのは、台本をもらってからのこと。驚きつつも、嬉しかった。

また希林さんと共演できるなんて、喜ばないわけがない。私が演じたのは、どら焼き屋「どら春」のオーナーだった。希林さん演じるハンセン病の過去を持つ吉井徳江を訝《いぶか》しがる、意地悪な一面を持った人物だ。

決して出番は多くないが、世間一般の人々がハンセン病に対して、どんな感情を抱き、どう対応するかを観客に具現化して見せる役柄だ。原作では、オーナーは70代の設定だったけれど、希林さんがくださったご縁のおかげで私が演じることになった。

河瀬監督には、「撮影日には、飼っているワンちゃんたちを現場に連れてきてください」と言われた。私は、飼い犬たちを引き連れて映画に出ることになった。後に知ったのだが、これもオーナーの人間味を表す人物描写の演出のひとつだったのだ。人間は100%の善人も100%の悪人もいないものである。

一見、意地悪で俗世間的に見える「どら春」のオーナーも、単に意地悪な人間ではない。飼い犬には愛情を注いでいるような一面もある普通の人なのだということが、この登場シーンだけでも伝わった。

河瀬監督の演出は、独特だ。役を演じるのではなく、役を生きることを求められる。そのためにクランクインの数ヶ月前から、たくさんの時間と労力をかけて、〝役積み〟をするのだ。

〝役積み〟とは、登場人物たちが経験してきたことと、これから経験するであろうことを、自分の身をもって体験して取り込み、その人物になっていくという行為である。

脚本の行間から、役柄の内面や人生を読み解き、汲み取るだけには止《とど》まらない。実際に、役と深みまで一体化する。

映画『朝が来る』でも子供に恵まれない夫婦を演じた永作博美さんと井浦新さんは、実際に不妊治療の問診を受け、特別養子縁組で養子を迎えた親子から話を聞き、夫婦役を演じるために二人の時間をたくさん過ごしたと聞いた。

私も、映画の中で、浅見さんが暮らしている場所――広島の似島《にのしま》にある、産んだ子供を手放さなければならない少女たちを受け入れている施設で、撮影前から撮影後までしばらくの間、暮らしていた。

海と緑に囲まれた、時間がゆっくりと流れる島で、私は浅見という役として生きていた。浅見さんが好きそうなワインを1本だけ持ち込み、毎晩、夕食と共にほんの少しだけ飲みながら、毎日、浅見さんの人生やそこで関わる少女たちを想って過ごした。

河瀬監督は、役者にもスタッフにも作品への愛をもつことはもちろん、膨大な時間と労力をかけることを求める。その姿勢や妥協のない演出が苦手な人も少なくないだろうが、私は大好きだ。

参加していてシンプルに面白いし、嘘がないためか、深くまで心に刺さる作品が生まれるからだ。おそらく、希林さんもそんな河瀬監督や作品が好きだったに違いない。

ただ、一つ思い出すことがある。河瀬監督は撮影前から撮影後まで、役積みの間は役者に実際に登場人物が生きている場所に寝泊まりすることを求めるのだけれど、希林さんが主演した映画『あん』の撮影場所で、徳江の住まいであるハンセン病療養所は国の持ち物だったから、泊まることが許されなかったのだ。希林さんはその部分では〝役積み〟ができなかった。そのことについて、希林さんが嬉しそうに、「美代ちゃん、ラッキーだね。家に帰れるよ！」と言っていたことは、ここだけの秘密だ。

映画『朝が来る』は各所で評価され、多くの人に観ていただいた。それを何よりも嬉しく思っていたところ、この作品で、私は日本映画批評家大賞の助演女優賞をいただいた。希林さんがくださったご縁が一つの花を咲かせてくれたのだ。希林さんは天国からこの映画を観てくれているだろうか。

いくつもの恋をしてきた

私にとって30代は寝ても覚めても恋をしている、〝恋の季節〟だった。16歳で芸能界に入って私生活では不自由な生活を送りながら、19歳で大人の恋をして、その人と21歳で結婚した。27歳までは専業主婦をしながら、その一人の男性だけに向き合ってきた。

だから、離婚して、しばらくして心身ともに元気を取り戻した30代は、私にとって初めてとも言える、自由で輝かしい青春時代の始まりだったのだ。

初めて自立して、一人暮らしをしてからの恋は、これまでの相手についていくだけ、守られたいだけの恋愛とは全く違う。もっと自由で情熱的で快感も学びも深かった。

この頃、私は初めて自分が恋愛体質であることに気がついた。ひとめ惚れは数知れず。目があった瞬間に、全身にリアルに電流が走ったような感覚に襲われて、もう恋に落ちているなんてこともしばしばだった。

数ヶ月程度の短期間の恋もあれば、長く続いた恋もあったけれど、本当にその人を好きになったら、恋愛という繭《まゆ》の中にすっぽりと包み込まれるようにはまってしまう。過去の恋人たちのタイプは十人十色で多種多様だった。好きになったら、年齢や職業も関係ないから、ユニークな恋の記憶も数々ある。

ある時期に恋愛していた年下の彼は、全然お金を持っていない人だった。デートは下北沢のようなカジュアルな街が多くて、とにかく散歩デート。お腹が空いてもお金がないのがわかっているから我慢して、ひたすら歩く。

私がおごればいいのかもしれないけど、私はお姉さん気質じゃないから相手をリードするのは苦手だった。彼にも無理をさせたくないから、毎回のように空腹のお散歩デートを続けていたら、そのうち私は痩せてきてしまい、結果として、その恋愛は良いダイエットになったりした。

ときめく感情さえあれば、どんな場所で会うのも構わないし、何も食べなくても満ち足りていた。反対に、ときめきを感じられない相手に言い寄られたり、試しにデートする時の私は残酷ですごく意地悪だった。相手に対して、可愛げのないことや意地の悪いことを言ってみたり、約束をすっぽかしたこともある。

思い出せば、お相手に対して申し訳なさがこみ上げて、自分の身勝手さに苦笑いしてしまう。でも、それくらい、当時の私はときめき至上主義だったのだ。恋した相手とのデートの前は、遠足の前みたいにワクワクした。前日から何を着ようか、どう合わせようか、あれこれ迷い、出かける直前に髪を丁寧にシャンプーしてセットして、下着にも凝ったりした。

自己満足かもしれないけれど、30代の私は恋することの悦びを味わっていた。あの頃は、それが全てとも言えるほど、恋に身を焦がし、命を燃やしていたのである。

さまざまなタイプの人に恋をしてきたけれど、本気で好きになってお付き合いする男性には、いくつかの共通項がある。

少年のようなところを失っていない人。それから、尊敬できる人がいい。仕事が成功しているとか、お金や地位や名誉があればいいというわけではなくて、どちらかというと、内側にある才能や人間味に尊敬を感じるタイプだと思う。

一つ、燃え上がったものの、悲しい結末を迎えた恋がある。

その彼とは仕事の現場で出会った。同業者ではないけれど、時折、顔を合わせる人で、とても強引な誘い方をする人だった。いい子ちゃんより、ちょっと危険でヤンチャな風情のある人に惹かれがちな私は、吸い込まれるように彼に恋をしてしまった。

恋人を絶え間なく作っているような遊び慣れた人。だからこそ、刺激的なデートやゴージャスなひと時など、恋の煌《きら》めきをたくさん味わわせてくれたのだけれど、ある時、彼が二股をかけていることを知る。

彼の車や部屋の中に、他の女の気配が感じられたのだ。女の勘は鋭いもので、相手の仕草や態度、話し方の変化など、ほんのわずかなことからでもわかってしまう。

それまでの私は、恋にはのめり込んでも執着はしないほうだったけれど、あの恋は、不安に駆られたせいで、人が変わったように彼を追いかけてしまった。経験上、男性は追えば逃げるし、逃げれば追うこともわかっていた。でも、止められなかった。

もしかして、今、他の女と一緒にいるのではないかと疑って、夜、約束もしていないのに彼のマンションの下まで行ってしまったこともある。

そんな私を見て友人が言った。

「そんな男はやめちゃいなさいよ！　こっそり、彼の車の上に犬のウンチでも乗っけておけば？」

「やだもう。そんなことやれるわけないじゃない。大人げなさすぎる」

いつもユーモラスでパンチの利いた友人の毒舌に爆笑しつつも、愛を感じて励まされたのを覚えている。もちろん、いうまでもなく、冗談だ。いくら、不実な恋人への反撃とはいえ、車の上にそんなものを乗せるなんて子供じみたことを実行するわけがない。

そんな風に疑念と不安に駆られ続けているうちに、心身ともに疲れ果ててばかばかしくなり、あれほど燃え上がった恋はいつしか色あせてしまった。

もう一つの恋の相手は、正反対の人だった。稀有な才能にあふれる芸術家で、彼の作る作品が心から好きだった。人柄は、誠実で穏やかで優しくて、一緒にいると自然にリラックスできるような人だった。恋らしい刺激的な時間は味わえなかったけれど、「あの人と結婚したら幸せになれるね」と私の周囲の人は口をそろえた。

この恋によって、私は自然と芸術を学んだ。アート、クラシック音楽など、気が付いたら、今まで私がふれてこなかったたくさんのことが身に付いていた。今でも感謝している。

何の障害もない恋愛だったから、二人の時間を重ねて関係が深まるとともに、急速に結婚へと進みそうになっていった。そのうち、彼は私の家の近くに引っ越してくることになる。そのあたりで、急に私の気持ちが冷めてしまった。

当時の私は、結婚願望がなかったのだ。今後のことを考えると、そろそろ再婚をして伴侶をもった方がいいと、希林さんをはじめ周囲にも言われていたし、私自身も頭ではそう思っていたのだけれど、心の底では、「まだ結婚したくない」「そもそも誰かと暮らすなんて私には向いてないのではないか」という気持ちが強くあったのだ。

だから、彼の気持ちが結婚へと向かったのに反比例して、私の気持ちは冷めてしまった。恋はタイミングだし、恋が結婚へと移行するか否かもつくづくタイミングなのだと思う。

母が健在だった頃、恋に明け暮れていた私は、たびたび夜を徹して遊んでいて、母に小言を言われることが常だった。けれど、口うるさくいう母がいなくなった途端、身を焦がすような恋にも興味を失ってしまった。

ふと、思う。人間が生涯で経験できる恋愛の量は決まっていて、私はすでに一生分の恋する気持ちと恋愛の運気を使い切ってしまったのではないかと。

そういえば、希林さんは、「〝つがい〟は良いわよ」と常々言っていた。一度の結婚と離婚を経て、恋愛はするものの、なかなか結婚願望がわかない私に諭してくれた。

「恋愛も結婚もしたくない人はしなくても良いのよ。そんなのは自由。美代ちゃんなんて、一人でいるのが好きだし、他人とずっと一緒に暮らすのは苦手だろうからさ。無理に形にこだわらずとも良いのよ。

でもね、つがいではいたほうがいいとは思うなぁ。人生は一人で歩むよりも、つがいになって歩んだほうが面白いからね。歳とってからも、一緒にお茶を飲めるような……。いつかそういう人が見つかると良いね」

そう言われた言葉を折に触れ、思い出す。たしかに、希林さんと裕也さんのように、一緒に住んだ期間はほとんどないのに、最後まで連れ添えた夫婦もいる。二人のありようを間近で見続けて、「つがい」って面白いなぁとも思うのだ。

30代の時みたいな身を焦がすような恋をする自分は、もう想像がつかない。

それでも、この先も誰かを愛することはきっとあるだろう。これまでよりも、もっと深く愛するかもしれない誰かが、新しい人生を連れてきてくれるかもしれないと信じている。

離婚のこと

離婚してから37年になる。21歳で結婚し、主婦をしていた私は「大人にならなきゃ」と常に背伸びをしていた。離婚して初めて、私の「青春」が始まったのだと思う。友達と遊んだり飲んだりと、毎日が新鮮で楽しかった。

長きにわたり、折に触れ、離婚の理由を聞かれてきたけれど、「仕事のせい」とか「嫌いになったわけじゃないけど」などと、その都度、適当に話してきた。仲良く離婚、みたいな対応をしていたけれど、それは表面上のこと。それらも嘘ではないけれど、いまだに詳しくは言いたくないし、心の奥にあるものは墓場まで持っていくつもりでいる。

とは言え、そもそも、多くの離婚した夫婦がそうであるように、離婚の理由は別に一つではない。そこには、二人の日常の小さな積み重ねで生まれた澱《おり》もあるし、許せない出来事もあった。でも一つだけ言えるのは、離婚は二人で話し合って決めたということ。

吉田さんとは7年間、大きな喧嘩をすることもなく結婚生活をやってきたけれど、時を重ねるにつれ、連れ添う喜びや楽しさよりも、「これでいいのだろうか」という疑念の方が大きくなっていくのを感じていた。たぶん、それは相手も感じていただろう。そして、お互いまだ若かった。

だから、別れようと口に出した時も、「それは当たり前で仕方のないことだ」という認識があった。ただ、実際に一緒に住んでいた家から、別居する私が引越し業者と荷物を運び出し、出て行こうとした朝に、「やめる?」と吉田さんに言われ、後ろ髪を引かれたことは覚えている。

彼は寂しがりやだったし、根が古風な人だから、あの時別居をやめていたら、気持ちが離れつつあろうとも、別れずにいたかもしれない。心の中に澱をためながらも、それなりに夫婦関係を続けていたのだろうか。

でも私はもう心の整理も踏ん切りもついていて、別れようという決意に微塵も揺らぎはなかった。新しい人生、新しい世界への希望の方が膨らんでいたのだ。

今振り返ってみても、あの時、離婚して良かったと思う。その後に広い世界を知ることができて、人生がより私らしく充実したものになっていったから。

でも、7年間、結婚してみてよかったとも思う。

希林さんが結婚前から諭してくれたように、結婚して普通の主婦をしていた経験は、役者としてはもちろん、人間としての私を豊かにしてくれた。

当たり前の日常を生きること、主婦として家を運営する楽しさや大変さ、自分の収入をもたずに生きることの葛藤や不安などは、結婚してみなければわからなかった。

吉田さんとの間には、感謝こそあれ、わだかまりはまったくない。

才能に溢れる一流のミュージシャンである吉田拓郎という人が、最も光り輝いていた時期をともにできたことは私にとっても財産だ。離婚後は、「もう、ミュージシャンは懲り懲り」とは思ったけれど……。

時を経たからではなくて、離婚当初からわだかまりはなかったと記憶している。その証拠に、私は離婚してからもしばらくは、浅田姓に戻さずに、吉田美代子のままで暮らしていたくらいだ。

これには理由があって、一つには当時は父親への反発心が消えていなかったから。父と同じ浅田を名乗りたくなかったし、浅田美代子よりも吉田美代子の方が、銀行や病院で呼ばれても気づかれないというメリットも感じられた。

それから、吉田さんのお母さんには結婚している間、本当に可愛がっていただいて、離婚後も、「これからも娘でいてね。吉田の姓でいてね」と言っていただくくらい関係性が良好だったこともあった。

吉田姓のままでも不便はないし、むしろ、都合がいいと思って、吉田の姓を選んだ。つまり、吉田拓郎さんの戸籍からは抜けたけれど、浅田の戸籍には戻らなかった。私は〝吉田美代子〟という名前で一人の戸籍を作ることにしたのだ。

仕事に復帰してからは、浅田美代子が芸名で、パスポートやカードなど、吉田美代子が本名という期間がしばらくあった。

しかし、数年後。希林さんに「本名を浅田美代子に戻しなさい」と強く言われた。

「一人の戸籍だとしても、吉田の姓を名乗るのはおかしいよ。あちらは再婚したんだしさ。浅田の名字が嫌でも、もうお父さんも亡くなったのよ」

何度も諭されて、浅田に戻す手続きを開始したものの、戸籍のことだから、かなり手間がかかる。すでに離婚していた父と母の戸籍謄本や住民票を揃えたり、数多《あまた》の書類を書かねばならず、一度、挫折しそうになった。

すると、希林さんに再び強く言われた。

「じゃあ、美代ちゃんは吉田美代子で死ぬの？」

グサリときた。

たしかにその通りだと思って、何とか骨の折れる作業を乗り越えて、浅田姓を取り戻したのだった。希林さんは信心深く、ご先祖さまや家の制度を大切にしている人だったから、熱心にいってくれたのだと思う。今はもちろん、浅田姓に戻して良かったと思っている。

離婚してから、希林さんに褒められた点もある。

「美代ちゃんは、元夫の悪口を言わないところがいいよね」

折に触れ、そんな風に言われた。希林さん自身も、人前では絶対に裕也さんの悪口を言わない人だった。

どれだけ迷惑をかけられても、ひどい仕打ちを受けても、公衆の面前でコメントを求められれば、冗談めかして辛口のコメントを語ったりしていたものの、悪口は言わない。それは、家族の前でも徹底していた。希林さんの美学なのだろう。

たとえ、相手の非が大きくても、喧嘩や離婚の真実は当人にしかわからないし、どちらかが１００％悪いとは言い切れない。それなのに、公衆の面前ではもちろん、友だちや子供や家族にのべつ幕なしに相手の悪口を言うなんて、格好悪いし、美しくない。そう思っていたのだと思うし、私もこれには賛同する。希林さんがこの世にいない今も、元夫や元恋人などの「悪口を言わないこと」は希林さんとの約束のようなもの。

私が元夫を悪く言わないことは大いに褒めてくれたけれど、希林さんが私の元夫の悪口を言うことはあった。離婚してだいぶしてから、希林さんには離婚までの経緯などを事実として打ち明けた。淡々と話したつもりだけど、希林さんは「人として、許せない」と激怒していた。

希林さんが亡くなる数年前に、一緒にテレビのバラエティ番組『ぴったんこカン・カン』に出演した時も、浅田美代子は離婚経験があって……という話の流れの中で、希林さんは「これがね～」と小指を立てて私の元夫のことを批判して、みんなを驚かせ、笑わせていた。

「何で、あんなこと言うのよ！」

私がそう突っ込むと、希林さんはこう言った。

「いいんだよ。あなたが言ったんじゃないんだから。私は本当に怒っているんだから!!」

正直なところ、ハラハラしつつも悪い気はしなかった。

明石家さんまさんとのご縁

人生の転換期は、いつも意図せずに訪れる。これまでの人生でも大きな転機は幾つもあったけれど、とりわけ大きいものを思い浮かべるならば、高校時代に神宮外苑の並木道でスカウトされて芸能界に入ったこと。

初めて出演したドラマ『時間ですよ』で希林さん、久世光彦さんをはじめ、私の人生の方向性を切り開いてくれる人々に出会ったこと。

それから結婚と離婚を経験して、芸能界に復帰してからは、この人との出会いが最も大きかったのではないかと思う。

明石家さんまさん。同世代であり、出会った頃も今も時代の第一線を走り続けている人。さんまさんに出会ったことは、この仕事においても、一個人としても、私と私の人生に大きな変化をもたらした。

20代のほとんどを専業主婦として過ごして、27歳の時に芸能界に復帰したものの、私はその先の明確なビジョンを抱けないでいた。お芝居の仕事は好きだし、続けたいし、もっと極めていきたいけれど、〝芸能界〟という、いわば生き馬の目を抜く世界でこの先、自分がどんな風に歩んでいけるのか、未来予想図を描けないでいた。

さんまさんに出会ったのは、そんな30代半ばの頃だ。最初の出会いは2時間の単発スペシャルドラマでの共演だった。私としては、いち共演者として接したつもりだったけれど……さんまさんは、新番組を始める際に、私をレギュラー出演者にと誘ってくれたのだ。

誘ってくれた理由を聞いてみると、私が同世代の俳優仲間と楽屋裏で話しているのを聞いて、「この人はすっとぼけている！ 天然なんだ！」と面白がってくれたらしいのだ。それまでは、自分のことを天然だなんて特に意識したこともなかったから驚いた。

しかも、バラエティ番組のレギュラー出演なんて初めてのこと。話をいただいた当初は、とても戸惑ったし、自分にできるのかと不安にもなった。引き受けようかどうしようかとしばらく悩んだ挙句、持ち前の好奇心と楽観主義が不安を上回り、私はこの仕事を引き受けることに決めた。

当時の自分にとっては、一か八かの大勝負だ。その時点で先のことは考えてもいなかったけれど、まさか、この番組が20年以上も続くなんて思いもしなかった。『さんまのからくりTV』は、浅田美代子に新しい風を吹かせ、新しい視野と道筋を授けてくれた。お茶の間のさまざまな世代の方々に、別な面の浅田美代子を認知していただいたとも思う。

一か八かの賭けは、自分の人生にとってあまりにも大きな実りをもたらしてくれた。

私自身も番組に出ることを心から楽しんでいた。役柄に心身を費やす女優業と異なり、バラエティ番組では私自身のままでいられる。しかも、綺麗なお洋服を着せていただいて、毎回、友だちの家のパーティーに行っているような気持ちでいた。

バラエティ番組に出ている私を観た希林さんは「いいじゃない」と褒めてくれた。「美代ちゃんが楽しんでいるのが伝わってくる。楽しんでいいと思う。それは、画面にも出るからね」

そんな風に言われて嬉しかった。ある年、希林さんがさんまさんがホストのトーク番組『さんまのまんま』に出演した。ずっとオファーはされていたものの、辞退していたのだが、私が『さんまのからくりTV』に出演するようになって、「お礼を言うために出たい」と思ったのだという。そして、実際に出演して、それを実行してくれた。

「あなたのおかげで浅田美代子がね、この世界でちゃんと生きて生活していられるのよ。

今日は、そのお礼を言いに来たのよ。じゃあ、お礼も言えたし、帰ろうかな」

番組の冒頭でそう話し、本当に立ち上がって帰ろうとする希林さんに、「え？　いや？　ちょっと待ちなはれ！」と驚いて慌てふためくさんまさん。私はテレビで観て感動しつつも爆笑してしまった。

希林さんは、私がバラエティ番組で新しい道を切り開いたことを心から祝福してくれていた。〝離婚した女〟のイメージも払拭《ふっしょく》されて、コマーシャルの仕事もたくさん決まったことを「新しい時代に乗れたじゃない」と喜んでくれた。「でもね、美代ちゃん。いい時代はずっと続かないんだから、ちゃんと貯金してこの先のことも考えなさい」と念押しもされたけれど。


さんまさんとは番組での共演を経て、異性の親友とも呼べるほど、仲良くなれたと思う。「男と女の友情って絶対にあるよ」と言えるようになれたのも、さんまさんとの出会いがあったからだ。

40過ぎまでは恋愛至上主義だった私も、大切な人とは安易に恋愛関係にならない方がいいと思うようになった。恋愛って喜びも刺激も強く深いけれど、一度、拗《こじ》れたり揉めたりしたら、苦しさや辛さが募って壊れてしまい、また、同じ関係には戻れなくなってしまうから。

大切だと思える異性の友人がいるならば、恋愛とは違う形の関係を育て続けられることも大切なことだと思う。

単純に相性の問題だとも思う。みんなで一緒にいればひたすら楽しく、何でも言い合える。全く気を使わずにいられるし、心から笑って時間を過ごせる。ただ、二人でゴルフのカートに乗っている時などは、お互い何を話せば良いのか分からなくなり、無口になってしまうのが不思議だ。

若い女の子が大好きで、しょっちゅう、貢いでは振られているさんまさんに、「振り込み王子」というあだ名をつけたのも私だ。当のさんまさんは、「何やねん、それ！」と大笑いしていたけれど。

恋愛モードにはならないことを知りながら、仲が良い私たちを見て、付き合ってるのでは？という人も多かった。希林さんも、「互いにバツイチだし、最後は連れあうのもいいんじゃない？あ!!でも無理ね。美代ちゃん家には、犬がワラワラいるし」と笑っていたけれど……、友だちでいることの心地良さは、当の本人たちが知っている。

これからも、「そろそろ、若い女の子にモテなくなってくるから、振り込み王子はやめたら」なんて突っ込みながら仲良くしていきたい。この先も、同世代の同志でありたいし、よき親友として、互いにヨレヨレになりながら見守り合えたらいいなと思っている。

父親を許せなかった

私の心の奥底には、拭えない男性不信がある。普段は意識することもないのだけれど、ふとした瞬間に感じることがあるのだ。はっきりいって父親のせいだと思う。ずっと、父親が嫌いだった。

父は祖父が一代で築いた会社を受け継いで経営していて、家がお金に困ることはなかったけれど、決して、よき家庭人ではなかった。「飲む、打つ、買う」を全てやっていた人だった。

東京の麻布に生まれ育ったからか、私のことを〝お嬢様育ち〟などと言ってくださる方もいるけれど、当人にそんな自覚は全くない。家の中には常に荒《すさ》んだ空気が充満していた。両親はずっと不仲だったし、父親が母親に暴力を振るったり物を投げて壊すのも、日常的にみる光景だった。だから、寺内貫太郎一家のちゃぶ台返しなどにはちっとも驚かなかった。それは良く見ていたことでしかなかった。

健気に家を切り盛りしている母に、どうしたらそんな仕打ちができるのかと思うと、父が憎くてたまらなかった。母にはずっと離婚して欲しかったけれど、私たちが成人するまでは「離婚はしない」と決めていたようだ。

無理に連れ添っていた両親は、年々、不仲になっていった。父親にはずっと愛人がいた。最後の愛人は、家にしょっちゅう出入りしていたような人。私はこんな家を早く出たかったし、母親にも早く自由になって欲しいと願っていた。

私が結婚していた頃、弟も大学を卒業した。そこで両親はやっと、形だけの夫婦関係を解消した。二人が離婚して以来、父には一度も会わなかった。私も弟も母とは密に連絡を取り合い、母とは私の離婚後に長らくともに暮らしていたけれど、父とは連絡すら取らなかった。父は私たちと暮らした家を売り、多摩川の近くに豪邸を建てていたという。

父がその後、死ぬまでにどんな人生を送ったのか詳細はわからない。わかっているのは母よりも先に亡くなったこと。私たちの家にもしょっちゅう居た、あの最後の愛人とは早々に別れたということ。身包《みぐる》み剝がされたような騙され方をして、財産をほとんど失ってしまったとも聞いた。そうして、最期は、一人きりで迎えたという。

父が寂しい終わりを迎えたことに同情はしていない。自業自得だと言ってもいいと思う。でも、今になって思うのは、あの人もきっと生きることが苦しかったのだということだ。

自分で築き上げた会社ではなく、親の会社を受け継いで、その会社に振り回されながら生きていた。

自分でやりたいことをやれない、選べない人生はきっと不自由で息苦しかったのだろう。病気や、行き場のないやるせなさやストレスで、母や私たちに当たり散らし、破壊的な行動を続けていたのかもしれない。

父が亡くなったと入院先の病院から知らせを受けた時、母も弟も私も逢いに行くつもりはなかった。しかし、病院から「誰も遺体の引き取り手がいなくて困っている」と言われ、それでも行きたくないと言い張る私に対して、母は仕方がないとばかりに弟と病院に出向いた。そうして遺体を引き取って、霊柩車にも同乗した。

父に最も苦しめられたはずの母のその行動に、私は心の底から驚いていた。

「死んだら、嫌なことも罪も、もうないことにしてあげないとね」

母はそう言っていたけれど、私にはやはり父が許せなかった。母に連れられて一緒に葬式には出たけれど、父のお墓参りに行く気にはなれなかった。

ただ一度だけ、母が病気になった時にお墓に行った。お墓参りにではない。

「母を連れて行かないで！」

と言いに行ったのだ。

父親への複雑な思いとわだかまりは、希林さんにも打ち明けていた。初めて話したのは、おそらく、ドラマ『寺内貫太郎一家』で共演した時のことだと思う。

「私の父は、寺貫以上に、怒鳴り散らしたり暴れたりするから、慣れているんだよね」

そんな風に、自然に話してからは、父のことを希林さんにも話すようになった。

「ひどいんだよね。嫌い」

父の話となると、どうしても悪態をつきたくなってしまう私を受け止めながら、希林さんは、「でもね、美代ちゃんのお父さんはかわいそうな人なんだよ」と優しい口調でいつもこう言った。

「お父さんは人生がうまくいかないことや、自分の不甲斐なさを、怒りや暴力でしか表現できないんだろうね。孤独だから、不器用だから、そうなっちゃうの」

私は、やはり父を容易には理解できなかったものの、希林さんの言葉を聞いて、少しだけ父を別な角度から見てみようと思えた。

母が亡くなった後、父のお墓には、母のお墓参りと同じようには行けないと言う私に、希林さんは諭してくれた。

「そういうのはよくないよ。許してあげなさいよ。もう亡くなっているんだし、先祖に守られて生きているんだからね」

と何度も何度も「許してあげなさい」と言われたものだ。

希林さんの言葉を聞いているうちに、ふんぎりがついた。希林さんや母が言うように、現世での出来事や思いは、あの世に行けば清算されるのかもしれない。そう思えるようになって、私は時折、父のお墓参りに行くようになった。

母や希林さんのお墓を訪れるように、毎年、必ず行くとか、自分にとって大切なことを話しに行こうという感覚はないけれど、父に対しても、安らかに過ごして欲しいと祈る気持ちはある。

私は父を許せたのだろうか？　許せたかどうかはわからない。けれど、この世とあの世に離れた今は、彼をより深いところで理解しなければと思うようになっている。

人生最愛のパートナー・4匹の犬たちのこと

私が16歳で出会った頃の希林さんは、8匹の猫を飼っていた。家に遊びに行ったら、猫まみれ。聞けば、向田邦子さんから引き取った子猫が増えて、いつの間にか8匹にもなってしまったのだと話していた。

「フェリックス・パパラルディ」など、そんなにメジャーでもない音楽家の名前をフルネームで付けて、呼びわけているのが面白かった。希林さんは、8匹の猫と暮らし続けて、全員を見送って以降は、一度もペットを飼っていない。

「やっぱり、ペットは責任持って最後まで見送れないとダメよね。それに、ペットがいると旅行もいけないし、不自由じゃない？　美代ちゃんも一人暮らしなんだし、あんまり飼わないほうが良いと思うなぁ。とにかく、数は増やしちゃダメよ。今いる子で最後にしなさい」

すでに2匹の犬を飼っていた私に、最初はそう言っていた。でも、動物愛護の活動をはじめて、1匹、2匹と犬が増え、そのことを恐る恐る希林さんに打ち明けたことがある。

「実はね、ばぁば。私、また犬が増えちゃって」

珍しく神妙な面持ちで打ち明けた私に希林さんは、大笑いしていた。

「美代ちゃんが打ち明けたいことがあるっていうから、どんな大事《おおごと》かと思ったわよ。まさか、借金の保証人にでもなったのかなとかね。拍子抜けした。いいよ、いいよ。最後まで面倒を見られるならいいと思うよ」

笑い飛ばしてもらえて、ホッとした。


何匹もの犬と暮らし始めて、もう12年ほどになる。

私はその群れのリーダーという感じ。日々の暮らしと悲喜交々をともにする大切なパートナーであり、家族だ。

私と犬たちとの暮らしでいえば、もっと長い。子供の頃から、いつも家には犬がいた。母と二人暮らしの頃は、シーズー犬の桃太郎と柑太郎《かんたろう》を飼っていた。

母は病に侵されて入院中も、2匹に会いたいという思いをエネルギーに生きていたから、週末ごとに自宅に戻ってきていたし、母を介護する私のことも、桃太郎と柑太郎は支えてくれていた。

母が亡くなってからは、もっと支えられた。母の死後、仕事には何とか行っていたものの、その他の時間のほとんどは一人で家に引きこもっていた。犬たちはあの頃、日々をやり過ごすことすら辛かった私のそばに寄り添い、その存在のすべてで慰めてくれた。希林さんの他に、この果てしない喪失感を分かち合えたのは、桃太郎と柑太郎だけだ。

母が亡くなってしばらくしてから柑太郎が17歳で旅立って、私と桃太郎だけが残された時、また家族として犬を迎えたいと思った。それならば、殺処分に遭うかもしれない保護犬を迎え入れたいと思ったのだ。それが、アヴィである。

これまで、どれほど犬の存在に助けられたかと思うと、自分も犬のために何かできないかと思ったのだ。そう思いながら、保護犬を1匹ずつ迎えていくうちに、4匹と暮らすようになる（一時は5匹の時も）。

動物愛護の活動をはじめたのも、この頃だ。世の中には、人間の身勝手な事情で虐待されたり、捨てられる犬や猫がたくさんいる。

私の家族である犬たちもそうだ。アヴィは殺処分の寸前に助けられた子だ。引き取る前は虐待も受けていたらしく、我が家にきてもしばらくは、犬なのに野良猫のような振る舞いをしていた。ケージのそばにご飯を置いても、なかなか寄って来てくれない。私の姿が遠くなると、そうっと出てきてささっとご飯を食べて、すぐに隠れてしまう。

人が怖かったのだろう。引き取った時はすでに5歳だった。5年間も虐待を受けていれば、そうなっても仕方ない。警戒心をといてもらうには、あと5年はかかるだろうと想像していたけれど、家に来て1年も経たない頃だろうか、ある夜、仕事から帰宅すると、アヴィが玄関まで尻尾を振って出迎えに来てくれた。

あの瞬間は、涙が出た。やっと、彼女の中にあった辛い記憶が消えたように感じられたのだ。

犬の心は尻尾に表れる。心を閉じて警戒していた当初のアヴィの尻尾は小さく硬く内側に入り込んで隠れていたのだけれど、日々、ともに暮らすうちに、その硬い尾はゆっくりと開かれていった。そうして、あの夜、私の帰宅を喜んで威勢よく振れるまでになったのだ。

犬は、自分を辛い目にあわせた人間を許せるんだと気づかされた。虐待を受けてきた犬は、人間を一様に怖がっているし、鋭い目つきを持って野蛮な振る舞いをしている。それでも、どんなに頑《かたく》なだった犬も、心が傷み荒んでいた犬も、愛をかければ変わっていく。優しい穏やかな顔になっていく。

抱きしめたりするわけではない。特別なご飯を与えることでも、何かしらのトレーニングをするわけでもなく、ただ、その存在を気にかけて、愛を感じながら接しているだけのことだ。そうして、日々を積み重ねて犬たちが変化するにつれて、私自身も成長していったように感じられる。そのアヴィも、2021年5月7日に亡くなった。最後は私の腕の中で旅立った。

今、私の家にいる犬たちは全員が保護犬で、COO《クー》は多頭飼育崩壊から、与作は悪徳ブリーダーからのレスキューだ。チワワのカルは少し変わった経緯で引き取ることになった。

ある街のご家庭で飼われているが、どう見てもネグレクト（虐待）されていると動物愛護家の方から相談された。

希林さんが亡くなる数ヶ月前のこと。毎日のように病室に通っている時期だったのだけど、場所を聞くと、さほど遠くない。ある日、希林さんのお見舞いに行くのは夕方にして、午前中、車を出して現地に向かうことにした。そのチワワは室内犬でありながらも、外にいて明らかに放置されている様子だった。

事情を調べている人に聞くと、もともと、チワワを飼っていた女性が亡くなってしまい、その息子一家が引き取ったのだという。つまり、彼らは自分たちの意思で飼っていたわけではなかったのだ。

何度目かの訪問は台風の前日だった。私はいてもたってもいられなくなって、その家のドアの前に立ち呼び鈴をならし、出てきた家主に伝えた。

「なぜ、チワワを外で飼っているんですか？　虐待になりますよ。明日は台風が来るのだから、家の中に入れてあげて下さい」

小さな子供のいる奥さんが、どうしても入れないと言う。臭いし、目の病気が子供にうつるというのだ。

「あのさ、虐待だなんだって言うのはオタクらの視点でしょう。こっちはそんなつもりないんだから。関係ないでしょう」

こちらの気合を飲み込むほどの勢いで怒鳴られた。でも、室内犬を外で飼う行為は、どう考えても虐待なのに。

外に放置され続けていたその子は、毛並みもくたびれはて、目には青い目やにがいっぱいに溜まっていて、目がほとんど見えないようだった。

「私が今から病院に連れていきます」

飼い主を説得して、病院に連れていくと、右目は、毎日点眼をしていれば完治した病気だったのに、長らく放置されていたせいで、すでに角膜は破裂し失明しているとのことだった。

もう片方の左目も、白内障でほとんど見えていないと診断された。

右目は手術が必要なため、入院となり、台風の雨風がしのげる病院に預けることにした。

それからは、「必ず幸せにしますから」と所有権を放棄するように説得しに、何度も家を訪ねた。こんな飼い方をしているのに、放棄には応じない。

やっとのことで放棄書にサインをしてもらうと、気が変わらないうちにと逃げるように帰った。

この所有権が、保護するのに邪魔となることが多いのが現状である。

この子は我が家の一員となって穏やかに過ごしているが、15歳になり、慣れた家の中でも時折、家具やものにぶつかっている。そんな姿をみると、ずっと大切にしてあげたいと思う。


都内のマンションでは、これ以上、我が家に犬を迎え入れることは難しいけれど、一匹でも多くの犬を助けたい。健やかに愛をかけてくれる飼い主のもとで、安心して暮らして欲しい。そう願って動物愛護の活動に取り組んでいる。

まずは、一人でも多くの方々に、多くの犬や猫が厳しい状況の中にいることを知ってもらいたいと願っている。今の日本には、殺処分にあうかもしれない犬がいることや、犬を飼いたいと思っている人には、殺処分を待っている犬を保護犬として引き取るという選択肢もあることを知ってもらえたらと思い、全国で講演活動を続けている。

私自身も、犬を取り巻く環境や現実をさらに深く知るべく、子犬工場へも足を運んだ。

子犬工場とは、犬たちを劣悪な環境に住まわせながら、ただ子犬を産む機械のように扱っている悪徳繁殖業者だ。その工場へ、犬をレスキューしに行く団体があり、私も参加を願いでたのだ。

実際にその場を訪れると、想像以上の地獄だった。狭く汚いケージの中に犬たちは閉じ込められている。ただ、子犬を産ませるためだけに生かされている犬たちは、食べ物こそ、与えられているものの、一切、手入れもされていない。

そこにいるどの犬も、毛玉が顔にも体にもみっちりとついているし、そこに糞尿やホコリがこびりついて、泥玉のようになっている。もはや犬種すらわからない状態だ。悲しみと怒りが湧き上がってきた。どうしてこんなことができるのだろうか。あの犬たちの叫びと匂いは忘れられない。

人間の都合で捨てられている犬が数多いる一方、可愛い子犬が欲しいという人間の欲望を満たす商売のために、劣悪な環境で子犬を産まされるだけの生涯を送っている犬たちがいる。

ペットショップに陳列されている子犬を「可愛い」と思うのではなく、「可哀そう」と感じて欲しい。

この子たちの親は、地獄で暮らしているのかもしれない。

今時、野菜などでも生産者名を記入しているものもあるのに、生きている犬たちの出所を知らずに買うというのはおかしなものだ。

どういう所で生まれたのかは、知るべきではないだろうか。

しかし、この活動を通して気づいたのは、どうにかしたいと懸命に動きまわっても、なかなか事態が変わらないということ。

たとえば、子犬工場という悪徳繁殖業者は、犬たちを明らかに虐待しているものの、今の日本の法律ではその行為をとりしまるものがない。つまり、どう見ても犯罪的行為なのに、犯罪とは認定されないのだ。

犬をはじめとするペットの販売は、生体販売と言って、意識の高い国ではすでに禁止されている。だがそういった意識が遅れている日本では、犬や猫など人間以外の生き物のための法律の整備に向けた動きは鈍い。２０１９年に、繁殖業者やペットショップに対し、飼育数などを規制する法改正が行われたものの、飼育数の上限を定める省令が完全に施行されるのは、当初の予定の２０２１年より３年も先になってしまった。

希林さんは私の動物愛護の活動を折に触れ、応援してくれていた。私がそのことについて熱心に話すたびに、「弱い者を助けるのはとても良いこと。頑張りなさい」と言ってくれた。

「動物愛護のことを語る時の美代ちゃんは人が変わったみたいになるね」と言われたことを覚えている。

たしかに、その通りだ。動物愛護は私の中にある、ブレない強さを引き出してくれる。

日々、現実を知れば知るほど、やるせない気持ちでいっぱいになる。けれど、一歩一歩でも自分にやれることをやり続けるしかない。

一人でも多くの人に知って欲しいのは、大手ペットショップなどで売られている子犬のほとんどは、このような子犬工場で産まれて、業者内の競《せ》りにかけられてやってきている、ということだ。コロナで自粛生活を送ることになってから、ますます、ペットの需要は高まっていると聞く。

子犬が欲しいと思う人の多くは、家族として迎え入れて大切に育てたいと思っているのだと思う。でも、せっかく飼ったものの、様々な事情や環境の変化で、その思いも変化してしまうことが多々ある。

犬の気持ちやその後の生活のことも考えずに、手放してしまう人がたくさんいる。でも、犬は飼い主を選べない。その生涯に責任を持って最後まで寄り添ってほしい。犬には犬の生涯があって、犬にも気持ちがあるということに、今一度、思いを馳せて欲しいのだ。

〝おひとりさま〟の明るくて新しい生き方

家で一人で過ごす時も、わりと手のこんだ料理を作るのが日常だ。そうしたいとか、そうすべきだとか思っているわけではない。美味しいものを食べるのが好きだし、料理が苦にならない性質《たち》なのだ。

仕事帰りにスーパーに寄ると、旬の美味しそうな食材を眺めて、「これが食べたい」と思うものを手に取る。春なら、朝獲りの筍がごく普通のスーパーにも並んでいるから、それを買って帰る。

その日のうちに台所で泥を落として、茹でる。アク抜きをするところからはじめて、その日の気分で筍のお刺身や煮物や筍ご飯を作る。「筍を皮むきからやるなんて大変でしょう」とか「そもそも、筍を下処理する方法がわからない。どうすればいいの?」などと言う人も多い。

筍と言えば、パックの水煮を買うのが当たり前だと思う人が多数派なのかもしれないけれど、あの新鮮だからこそ味わえるえぐみが好きなので、私にとっては手間でも苦でもない。生粋《きっすい》の食いしん坊だからかもしれない。あらゆる食材を容易に扱えるのは、7年間の主婦生活のおかげだろうか。

いずれにしろ、私は一人でも、自分のためだけに皮つきの筍を茹でて、それを剝いて筍ご飯を作る。筍はほんの一例で、時間があれば、スーパーで美味しそうな旬の食材を選び、自分なりにアレンジして、酒の肴やご飯のおかずを作る。せっかく作ったら、きれいに盛り付けもする。そうして、食卓に三、四品を並べて、好きなワインとともにいただくのが日常だ。

ワインは泡も赤も好きだけど、最近は、白がお気に入り。白ワインは香りも重さもさまざまで、イタリアンやフレンチはもちろんのこと、和食でも中華でも家庭料理にでも合わせやすいものが多い。日常の食卓にしっくりと馴染むところがいい。

一人で1本のワインをだいたい2、3日くらいで飲みきるし、たまに1日で1本あけてしまうこともある。気分と料理に合わせて、辛口の白ワインを選んでいる。こんなふうに、私は女一人の生活を自然に当たり前に楽しく過ごしている。

ただ、いまだに一人では夕食をレストランで食べられない。やっとお昼におそば屋さんに行けるようになったくらいだ。まだまだ大人の女性とは言えない……。

〝おひとりさま〟という言葉が生まれ、時代とともに育ち、今では当たり前に受け入れられる世の中になった。女も男も一人で生きることは、ひとつの選択肢であり、珍しいことではない。ずっとシングルの人もいれば、離婚を経て、シングルに戻って生きている人もいる。

かつては、違った。私が28歳の時に離婚して独り身となり、芸能界に戻ってきた頃は「離婚して一人になったなんて、可哀想」という風潮が強くあった。

さんまさんが離婚した時に会見で使った〝バツイチ〟という言葉が流行してからは、離婚に対する世間のイメージが多面的になり、軽くもなったけれど、私が離婚したのはその前のことだ。

離婚したタレントや俳優が、芸能界に戻ってくることもまだ珍しかったのだろう。離婚直後にいただく役柄は、不幸で寂しい女、ワケアリで可哀想な女の役がほとんどだった。取材やインタビューなどでも、私がさも悲しみを背負っているかのような前提で話が進むこともあった。

私はそのことに内心、強い反発心を抱いていた。離婚したのは、誰のせいでもない。私の意思である。一人に戻ってから私は、それなりに幸せな毎日を過ごしていた。

21歳という若さで結婚し、幼さを持ち合わせたままで結婚生活を送っていた。世界の広さも人生の楽しさも知らなかった私は、離婚して、経済的にも精神的にも初めて自立したことの嬉しさや誇らしさを味わっていたし、仕事や遊びを通じて世界を知ることに夢中だった。

それなのに、世間は離婚した女、独り身の女を不幸で可哀想だという古い鋳型《いがた》にはめて決めつける。違和感しかなかった。

芸能界だけではない。離婚した女への世間の偏見や冷たさは、至るところで味わっていたように思う。たとえば、離婚直後に一人暮らしをしようと不動産屋を訪ねた時のこと。オーナーの人に、「離婚したなら、家賃は支払えるのか」と不躾《ぶしつけ》に言われたりもした。

私はすでに芸能界に戻って働いていたにもかかわらずだ。女が一人で生きること、誰の後ろ盾もなく生きようとすることに、世間の風当たりは冷たかった。

当時は、芸能界にも世間にも、偏見をもたれていることが悔しかった。絶対に負けたくないし、離婚して一人で生きている女が可哀想だなんてイメージは変えてやろうと決意していた。私は私の人生を心から楽しんでいたし、自分の意思で離婚という選択をしたのだと。

だから、ドラマや映画で可哀想な役や不幸な女の役のオファーが来ても、断った。仕事が少ない時期も、お金がもう少し欲しいなという時も引き受けなかった。

それから、もともと大好きなファッションやおしゃれをますます楽しんだ。あの頃は意図的に、ちょっとお高いブランド品や華やかでゴージャスなワンピースなどを選んで身に纏うようにした。お金が足りない時は、母に借金までしてそうしていた。

それも、離婚した女は暗い過去がつきまとう可哀想な女というイメージを払拭したかったからだ。おしゃれも遊びも仕事も全部本気で楽しんでいただけなのだけれど。

そうして、自分なりの意思を持って芸能界に立っていたし、ここで仕事ができることの幸せを感じながら、一人で生きてきた。時には悔しい思いをしたり、我慢したこともあったけれど、自分なりのポリシーを持って生きているうちに、風向きが変わっていった。

時代の変化もあったし、私自身の転機もあった。30代半ばには、『さんまのからくりTV』のオファーがあり、思い切って引き受けたら、私のイメージは一変した。それから、映画『釣りバカ日誌』で、2代目みち子さんのお話をいただいた。それ以降は、俳優の仕事も明るくて日常的な役のオファーが多くなり、それが浅田美代子のひとつのイメージになっていったように思う。明るい、天然、自然体。今では、そんな風に言っていただくことが多くなった。

浅田美代子のイメージが自然に変化していったのと同じように、時代も変化していって、今や離婚もおひとりさまも可哀想なことではなくなったように感じられる。

希林さんとこれほど長く仲良く過ごせたのも、私が〝おひとりさま〟で生きてきたという環境も大きかったのだと思う。私は〝ひとりで生きること〟の面白さ、格好よさ、美しさを希林さんに学んだ。

希林さんには伴侶もいたし、子育ても経験したけれど、裕也さんとは別居婚を貫き、娘の也哉子ちゃんは早くに留学して、早くに家庭を持ったこともあり、希林さん自身も一人で生きることを楽しみ大切にしていたように感じられた。

芸能界にいながら誰かとつるむこともせず、最後はマネージャーすらおかなかったから、どこに行くにも何をするにも、大きなことを決断するにも、一人でやっていた。

家族はいても、本質の部分ではいつも一人。〝おひとりさま〟を極め、楽しんで生きてきた先輩でもあると思う。

「美代ちゃん、できれば、連れ合いはいた方がいいわよ」

折に触れ、そう言われたけれど、一方では私が一人で生きていることを応援してくれていたようにも思う。

この歳になると気づく。結婚しても離婚しても、最後はみんな一人に戻り、一人で死んでいくのだ。〝おひとりさま〟をいかにうまく楽しめるかは大切だし、私のようなおひとりさまに慣れ親しんでいる人間は、この先の人生、なかなか気楽なのではないだろうか。

母を見送って

「美代ちゃんのお母さんって、美代ちゃんよりずっと綺麗よねぇ」

母に会うたびに希林さんはそう言っていた。悔しいけれど、その通りだと思う。お化粧をほとんどしていないのに白く美しく品があり、性格はサバサバして飾り気がなくて面白い。私にとって母は、憧れの人だった。

私が子供の頃は専業主婦をしていたけれど、いつも身綺麗で凛《りん》としていて、小学校の授業参観でも家に友人を呼んでも、母に会った人はみんな必ず褒めてくれる。「綺麗なお母さんね」「素敵なお母さんでいいなぁ」。そう言われるたびに、私は自分のことを褒められるよりもずっと誇らしく嬉しかった。自慢の母でもあったのだ。

母は専業主婦として、家のことや子育てに追われて生きていたけれど、父と離婚し、50歳を過ぎているのに、自分で就職先を決めてきて、正社員として働き始めた。

とても驚いたけれど、私や弟に心配をかけたくないと考えてのことだと話していた。50代から新しい人生をスタートさせてからは、年齢を重ねるほどにエネルギッシュに楽しく過ごしていたように思う。

私が離婚して一緒に住み始め、そのうち私の会社の経理を手伝ってくれるようにもなった。一番楽しいはずの少女時代は戦争、結婚したら主婦として不仲な父の世話をしながら子育てに追われていた母の人生は、50代以降が本番だったのかもしれない。

60代になってからも女友だちとヨーロッパなど海外旅行にしょっちゅう行ったり、お酒を飲むと上機嫌になって、私と私の友だちと深夜までカラオケを楽しんだりすることもしばしばだった。

「私は歌えないから」なんて言いながらも、手帳に書いた持ち歌のメモを見ながら、小林幸子さんの『おもいで酒』なんかを歌っていた。家でも小林幸子さんや天童よしみさんのカセットをかけて、大きな声で歌って練習したりもしていた。残念ながら、私と同じように、そんなに上手ではなかったけれど。

お相撲の中継を見ている時も、まるで国技館にいるかのような勢いで応援していた。若貴や寺尾、舞の海など贔屓《ひいき》の力士が出てくると、そばにいる2匹の犬、桃太郎と柑太郎が驚いて吠えはじめるほどの大きな声援を送っていた。

一度、私がレギュラー出演していた『さんまのスーパーからくりTV』の公開収録に母を呼んだことがあったのだが、その時も、あたかも家でテレビを見ているような感じで、「へぇ！」なんて大きな合いの手を入れていた。

その様子にさんまさんは、私の母とは知らずに「なんやねん！　そこのオバはん！」などと突っ込み始め、どうしようかと困ってしまった思い出もある。「ママがテレビに出たらいいのに」とみんなに言われるほど、根っから明るく楽しい人なのだ。

母と娘でありながら、友だちのようでもある大人の女の二人暮らしは、時にケンカをしながらも、とても楽しく充実したものだった。まだまだ、この先も一緒に過ごせるものだと信じて疑わなかった。


それは、突然の出来事だった。母が珍しく風邪を引いたというので病院に連れて行くと、肩の部分にアザがあり、「お母さん、どうしたの」と聞かれ「湿布をはがした痕です」と答えていた。不審に思った先生が、念のため、精密検査を受けたほうがいいという。

検査を受けて間もなく、母は〝急性リンパ性白血病〟だと告げられた。

その病名にも驚いたけれど、「このまま治療しないとひと月ももたない」という医師の宣告に言葉が出なかった。余命3ヶ月とは聞いたことがあるが、1ヶ月って……。血液の癌なので、抗がん剤治療しか出来ないという。その日は、母に真実を告げることはできなかった。

翌朝は、東京電話のＣＭ撮影で、希林さんと一緒の現場だった。当時、寺内貫太郎一家バージョンでＣＭシリーズを定期的に撮影していたのだ。いつもは別々に現場に向かうことも多いのだけれど、たまに希林さんから連絡がある。母の病名を突然告げられた、その翌朝に、希林さんから電話がきた。

「美代ちゃん、一緒に行かない？　車に乗せていってよ」

「いいよ。迎えに行くね」

何事もなかったかのように電話口でそういって、車で希林さんの家まで迎えにいった。

「おはよう！」

車に乗り込んだ希林さんに向かって、ごく普通のテンションで挨拶したものの、その瞬間、「どうした？　何かあったの？」と希林さん。

私はものすごく驚いた。これからＣＭ撮影があるのだし、少なくとも今日が終わるまでは希林さんにも何も話すつもりはなく、いつも通りの笑顔を浮かべていたはずなのに。

「あなた、何かあったでしょう？　いや、あなたじゃないね。お母さんに何かあった？」

一瞬にして見抜かれてしまった。希林さんの言葉を聞いて、ぶわっと涙が溢れ出た。母の前では決して泣けないし、大切な仕事の場に泣きはらした顔で行くわけにもいかない。ピンと張り詰めていた心が、希林さんの一言で糸が切れてしまったのだ。

あとで冷静になってみて、改めて驚いた。なぜ、希林さんはすぐにわかったのだろう。希林さんならではの研ぎ澄まされた直感と洞察力があったからだろうとは思うが、いかに希林さんが私を注意深く見守り、観察し、思いやってくれていたのかも感じ取れた。

母が侵された急性リンパ性白血病は発見が遅れたら、あっという間に命を奪われてしまう病だ。K－1のアンディ・フグさんが白血病で突然亡くなられた時は、私も母もとてもショックを受けた。けれど、母は早い段階で発見できたおかげで治療をすることができた。私は治療前から寛解《かんかい》することは難しいと聞いていたけれど、それでも、母には一日でも長く生きて欲しいという思いがあった。希林さんにそのことを打ち明けた時に、こんなふうに言われた。

「治療する余地があるのなら、それは神様とお母さんが美代ちゃんのためにくれた時間だよ。お別れまでの準備ができる時間なんだから」

たしかにその通りだと思った。希林さん自身が癌に侵される前の話である。希林さんは何度も母の病室を訪ねてきてくれた。希林さんが話し相手になってくれて、母はどれだけ心が安らいだことだろう。

癌の治療は長く辛い。先も見えないし、寛解する保証もない。それでも、母が出来る限りの治療を受けようとしてくれたのは、自分以上に私と弟のためだったのだと思う。

母は、私が思うよりずっと気丈な人だった。治療を進めて行くにあたり、担当の先生から は本人に病名を告知した方がいいと言われていた。

当初、私は母が取り乱すのではないかと心配していたけれど、覚悟を決めて、母に告知してもらうと、予想とは全く反応が違った。先生が黒板に図を描きながら病状を説明して、病名を告げると、母は「はい、はい」と淡々と聴いていた。

「治療すれば、大丈夫。渡辺謙さんのように治っている方もたくさんいますから、頑張りましょう」

先生はそう言っていたけれど、半分は優しい嘘だった。渡辺謙さんの病は同じ白血病ではあったが、リンパ性ではなくて、骨髄性の白血病である。治療がうまくいけば寛解する可能性はずっと高い病だった。

母は先生からひと通りの説明を聞いて静かに受け入れている様子だった。車椅子で部屋を出る時に、「先生、これってドラマなんかでよくやっている告知というものですか？」と笑いながら言っていた。

母の芯の強さは知っていたつもりだったけれど、癌とわかっておよそ2年の治療期間、そのたくましさを改めて感じたものだ。入院して治療が始まってからは、抗がん剤の副作用などでかなり辛い時期もあったはずなのに、一切弱音を吐かなかった。

一度、「先生にお任せします」と伝えて治療をすると決めたからには、最後まで文句を言わないことを決めていたのだと思う。そういう潔《いさぎよ》さを持っている人なのだ。薬の副作用で髪が抜け始めた時も、「中途半端なのは嫌だわ」と言って、看護師さんに頼んで全て剃ってしまったのだ。

その坊主頭がまた、とても似合っていて、私は見惚れてしまった。頭の形も美しくて、色白だから、本当に高潔で美しい尼さんのようにも見えて、思わず「ママ、綺麗だよ」と言ってしまった。

「記念に写真撮っていい？」というと、「それはイヤよ」といいながらも、「じゃあ、尼さんになったつもりで治療を頑張らなきゃね」と笑っていた。私が母と同じ状況だったら、きっと途中で投げ出していたと思う。でも、母は決して逃げなかった。

「大丈夫よ。先生たちに任せておけば治るから」

そんな風にきっぱりと言い切って、私や弟を逆に励ましてくれたりもした。私は母が入院している間は付き添いを優先させるべく、仕事を選んでいた。長丁場の仕事や遠くへ長期で行かねばならない仕事は、やらないようにしようと決めていた。

だから、ＮＨＫの連続テレビ小説『さくら』の話をいただいた時も最初はお断りするつもりだったのだけど、母に熱心に諭された。

母は、ＮＨＫの朝ドラや大河に出てこそ一人前だという考えだったのだ。

「絶対にやりなさい。私のことは心配しなくても大丈夫。放送は４月からなのね。その頃には私も退院して、家で見るから。楽しみだわ」

そんな言葉を聞いて引き受けることに決めた。

でも、撮影に入る前に母は逝ってしまった。観てもらうことはかなわなかったのだ。

「毎日、病院に来なくてもいいわよ。女優なんだからエステでもいってきなさいよ。たまには友だちと遊んできたら？」

そんな風に言われることが日常だった。病室でも私が出ている番組は見てくれていて、元気がないような時期は、「元気がなかったわよ。仕事中に私のことなんて考えちゃダメよ」とビシッと注意されたこともある。たぶん、母は、最後の最後まで、治ると信じていたのだと思う。亡くなる少し前までは、退院後に歩けなくなったらイヤだからと、日々、院内の廊下で点滴をしながら歩行練習をしていたし、「治さなきゃ損よね」と気丈な言葉もさらりと口にしていた。

亡くなるその日まで、遺言めいたことも言わなかった。一人になったら涙していたと思うけれど、私たちの前ではいつも明るく気丈に振る舞っていた。それがかえって辛くて、母に言ってしまったことがある。

「なんで甘えることができないの？　具合が悪いとかしんどいとか今まで一度も聞いたこ

とがない。大したことないわとしか言わないけど、そんなわけないでしょう？」

そういうと「私は甘えられない人生だったから」と母は小さな声でつぶやいた。曰く、母が育ち盛りの頃には戦争があったし、結婚してからも父がものすごく亭主関白だったから、甘えるという感覚が抜け落ちているのだと。

「じゃあ、これからは甘えてね。病気になっちゃったんだから尚更だよ。痛い時は痛い、イヤなものはイヤ、食べたいものは食べたい。そんな風に甘えて欲しい」

そう言うと、「わかったわ」と答えてくれたけれど、最後まで「痛い」と「しんどい」は言わなかった。時折「あれが食べたいわ」というくらいの甘え方しかしてくれなかった。病気との闘い方も生き方もとても強い人だったけれど、本当は、弱さや甘えだって人なみには持ち合わせていたのではないだろうか。ただ、時代や環境のせいで、我慢してきて甘え下手になっていたのだと思う。

最後まで強く気丈に闘病生活を過ごしていた母も、一度だけ取り乱したことがある。私は特別な用事がない限りは、毎日、病院に顔を出して母の身の回りの世話をするのが日課だった。

その日は、特別な治療があったわけではなかった。トイレに行きたいというので付き添っていると母が突然、泣き出したのだ。それも、「わ～ん、わ～ん」と大きな声をあげて、まるで子供のように泣きじゃくる。胸に抱えていた何かがいきなり大爆発したかのような、その泣き方に心が締め付けられた。

「悔しいよね。悔しいよね」

母の背中をさすりながら、そう言うことしかできなかった。あの時の母が抱えていた想いは計り知れないけれど、とても辛かっただろうし、悔しかったのだろう。

あの日までは、めったに風邪をひかないほど元気だったし、人生を謳歌していた。それが突然、自分が大きな病を患っていることを知らされて、入院生活に突入したのだ。

心が追いつかなくて当然だし、悔しさでいっぱいになるのは当たり前のことだと思う。それでも、母が感情を爆発させたのは、あの時のたった一度きりだったのだ。

母の母、つまり私の祖母は、ある日突然脳溢血に倒れて、救急車で運ばれ、そのまま帰らぬ人になったのだと聞いた。まだ、50代の若さだったという。

だから、母も、自分が祖母の亡くなった歳に追いついてからは、「あの歳を超えてしまった」と折に触れ、話していた。祖母は突然、あっけなく亡くなってしまったけれど、

「理想的な死に方ね」と母は言っていた。

「辛い治療をすることもなく、本人が気づかないくらいの速度でコロッと死ねるなんて、理想の死に方じゃない？」

そんな風に言っていたのに、最後まで辛い治療を頑張り続けてくれたのは、やはり私と弟に、心の準備期間を与えてくれたのだと思う。

68歳で病気になった母は、2年ほどの闘病生活を経て70歳で旅立った。私も、あと数年でその歳になる。

自分の人生はまだまだこれからだと思っている一方で、もういつ死んでも不思議ではない歳までやってきたのだとも思う。

私が思うよりもずいぶんと早く母との別れは訪れた。希林さんとの別れもそうだった。身近な人々を失って、病とは、死とは、思いがけず降りかかってくるものだと知った。

人には、それぞれの寿命がある。そして、それはあらかじめわかるもの、予測できるものではなくて、突然、知らされるものなのだ。どれだけ健康に気をつけていても、人間ドックに通い詰めても、降りかかってくる病や死を避けることは難しい。

私も私の周囲にいる大切な人たちも、いつ病や死が訪れるかわからない。だからこそ、今をよりいっそう大切に生き抜きたい。もちろん、体を大切にしたいけれど、過剰に健康に拘《こだわ》ったり、やりたいことを我慢する必要はないと思っている。

私も自分の寿命をまっとうするまで、心のままに信じる道を歩み、たくさん楽しんで、たくさん笑って生きていきたいなと思っている。

自分の命も、ものの命も使い切る

子供の頃からファッションが理屈抜きで好きだった。幼い頃はデパートで素敵な服があると、欲しいと駄々をこねていたという。中学の制服のコートはズボッとしたラインが嫌で、母に細目に作り直してもらった。

色鮮やかなプリントのワンピース、うっとりと眺めてしまうほど形の美しい靴やバッグ……。心が塞《ふさ》いでいる日も、お気に入りの洋服や小物を組み合わせて身につけ、鏡の前で背筋を伸ばせば、自然と気分が明るくなるし、自尊心が満たされたりもする。

ずっとファッションが好きだったから、結婚して芸能界から離れていた時期も、吉田拓郎さんのコンサートでは衣装デザインを手掛けたりもしていた。

芸能界に復帰後も、セルフプロデュースの一環として、ますますファッションを謳歌《おうか》していたら、「私服がオシャレ」などと言っていただき、ファッション雑誌によく呼んでもらえるようになった。

ミドルエイジを迎えてからも、雑誌でファッションにまつわる連載をもたせてもらったりもした。今は一時ほどの情熱や冒険心はないけれど、ファッションが好きな気持ちは変わらずにあるから、クローゼットがすっきりしているとは言い難い。

これはファッションに限らないことだけど、壮年期を迎えて、これからも健やかに老いていくためには、身辺整理をすることが必要だという結論にたどり着いた。まずは積極的に持ち物を減らそうと決意して実行に移し始めたのはつい最近のことだ。

希林さんの生前は、よく叱られた。なかなかモノへの執着が捨て切れずに、収納におさまり切れないほどの洋服や靴やバッグを持っている私に、希林さんは、「全部着られるわけでもないのにもったいない！ その洋服は整理して必要な人にあげて、もっと身軽になりなさい」としょっちゅう言っていた。

その度に、「私はね、一応、世間ではオシャレなイメージで通っているんだからね。そんなにものは減らせないの」なんて言い返すと、「あなたがオシャレ？ 誰もそんなこと思っていないわよ！」などと憎まれ口を叩かれるのが常だった。

「癌っていう字は、どう書くと思う？ 病《やまい》だれの中に品の山って書くんだよ。不必要なものをたくさん持っていると、病気になっちゃうよ」

断捨離が苦手な私を諭す時、希林さんはいつもそう言っていた。

希林さんは、究極のミニマリストだと思う。断捨離とかミニマリストなんていう言葉が世間に浸透するずっと前から、自分のスタイルを貫いていた。

余計なものや使わないものは、持たない、買わない、もらわない。日々、マイ箸を持ち歩き、外食には、タッパーを持参して食べ残しは必ず持ち帰る。

そういえば、二人でバリ島に旅行に行った時のこと。希林さんは、他人にいただいたもののの食べきれずにいたという、レトルト食品を持ってきて、バリ島の初日の夕飯で食べようと言い出したことがある。

「ばぁば、食べればいいってもんじゃないのよ」

私が珍しく強めに不満を口にすると「あ、そうだよね。ごめんね。外に食べに行こうね」とすかさず謝ってくれたけれど、いかにもミニマリストな希林さんらしくて、思い出すと笑ってしまう。

希林さんは、ものを持たないこと以上に、ものの命を活かすことを大切にしていたのだと思う。たとえば、日本アカデミー賞などでもらったトロフィーは、ただ並べるのは嫌だからと、土台を生かしてランプにリメイクして、玄関先に置いて使ったり、その作品の共演者やスタッフにプレゼントしたりしていた。着倒したセーターは毛糸をほどいてパッチワークのベッドカバーに作り直した。

プレゼントは決してもらわないけれど、誰かが捨てようとしているもので再利用できそうなものは、積極的に引き取る主義。私が着なくなった洋服も引き取って知り合いの娘さんにあげたり、果ては友人の亡くなったダンナさまが遺したステテコまでもらって穿《は》いていた。「だって、ラクダって良い素材なのよ」なんて言いながら。

自分の洋服はだいたい誰かのおさがりで、特に義理の息子である本木雅弘さんのモードな洋服をリフォームして、自分流に着こなしていたのが印象深い。

それがまたとても似合っていてカッコ良かったのだけれど、私をふくむ普通の人には到底真似できない。希林さんならではのスタイルがあってこその着こなしだ。

ものの命を活かすといえば、忘れがたいのは、私の母が亡くなった時のこと。母は着物専用の箪笥を持つほど着物が大好きだったのだが、母の死後なかなか立ち直れなかった私は、その箪笥に長い間、手がつけられないでいた。

すると、ある日、希林さんは着物の専門家の方を連れて、わが家に来てくれた。箪笥の中から着物を全て取り出し、ぱあっと床に並べると、「これはいるよね。これはいらない？」と専門家とともに仕分けしてくれたのだ。

そうして、不要なものは着物屋さんに渡したり、リメイクしたら素敵に着こなせそうな着物はリメイクに出してくれたりした。私が若かりし日に着た華やかすぎるほど華やかな振袖は、希林さんが「これは、ＣＭで着られそうね」と言いながら持っていき、のちに、有名になったフジカラーのコマーシャルで着てくれたりもした。そして着ている写真をいつも家のポストに入れてくれた。

そうやって、眠っていた着物がそれぞれに活かされる、幸福な道筋を作ってくれたのだ。

「こうやって着物は生き返るんだよ。お母さんもきっと喜んでいると思うわよ」

希林さんの言葉を聞いて、塞《ふさ》いでいた胸が開き始め、熱くなったのを覚えている。

希林さんの生き方、生活、ものとの付き合い方はスタイルがあって、美しい。けれど、そのスタイルは究極であり、希林さんほどの信念があるからこそ成り立つものだと思う。

だから、尊敬してやまないけれど、真似しようにも真似できない。それでも、ものを持たないことにこだわるだけでなく、ものも生き物のように大切に扱い、その命を活かし切るという、あの心持ちはやはり見習いたいと思うのだ。

そういえば、希林さんは、ミニマリストであることも含め、自身の生活や生き方を他者には強要しない人だった。娘の也哉子ちゃんにすらうるさく言ったりはしない。

特に彼女が大人になって家庭を持ってからは、生活のあり方や生き方についてはロを出していなかったように見えた。家庭を持つ一人の大人としての彼女を尊重していたのだろうと思う。

でも、何故だか、私にだけは最後まで口煩《くちうるさ》かった。

「美代ちゃん、モノを減らしておきなさい」

「使わないものは、手放しなさい」

折に触れ、言われ続けた。今ならその理由がわかる。私が独り身だから心配だったのだろう。

希林さんにも家族はいたけれど、〝一人を生きる〟という覚悟と自覚のある人だった。死ぬまで、自分の始末は自分でつけることにこだわっていた。だからこそ、一人で生きている私に、言い続けてくれたのだろう。「自分が死んだ時の始末は自分でつけられるように、人を困らせないようにしなさい。美代ちゃんが死んだら、まわりの人は迷惑よ！」という希林さんの思いは私の中に刻まれている。

60代半ばの今。希林さんのように思い切りよくとはいかないものの、ものの持ち方、ものとの付き合い方を見直し始めている。自分の命を大切に生き切るために、持つものを選び抜き、多くを持たず、ものの命を使い切りたいなと思う。

永遠の住処をともに探して

この家に引っ越してきて、もう20年近くになる。

45歳の時に母を亡くして以来、何年も喪失感の中にとどまり、前に進めないでいた。日々、いただいた仕事に力を尽くして、友人とは楽しく過ごしていても、心の底は濡れたままで乾く気配がない。部屋の遺品整理もできずに、抜け殻のような生活を送っていた。

そんな私をみかねて、「家を買いなさい」と勧めてくれたのは、希林さんだった。

「今はいいかもしれないけど、60歳過ぎてからは、容易に家も借りられないよ」

人生の折々で私を慮って、現実的なアドバイスをくれる希林さんに押し付けがましさはない。

私が結婚する時も離婚を決めた時も、「いいんじゃない?」と私の意思を尊重しながら、背中を押す言葉を差し出すだけだった。けれど、家を買うことに関しては少々、様子が違った。

「ぜひ、そうして欲しい。そうするべきだ」という強い意志が感じられた。生前、母も家のことは心配していた。その母の思いも受け取ってくれていたのだ。この時すでに60歳を過ぎても一人でいるであろう私の未来を予測していたのかもしれない。

それから、私に家の購入を熱心に勧めてくれた理由はもう一つ。希林さんは無類の物件好きで、あらゆる物件を見て回ったり、良い物件を探し当てたりするのがライフワークと呼べるほどだったのだ。

たとえば、共演した俳優が家を購入したと聞けば、「いくらだったの？　築年数は？　間取りと立地は？」などと質問攻めにするだけではなく、「それはあなた損したわね。高いわよ」なんて要らぬ評価まで添える。口を出すだけならまだ良いが、実際に見に行きたいと言い出すことも多々あった。笑福亭鶴瓶さんが西宮の豪邸に住んでいると小耳に挟んだ時のこと。希林さんは、当時、鶴瓶さんとは面識がなかったにもかかわらず、突然、自宅を訪問したと聞いた。

「呼び鈴を鳴らしてね、〝樹木希林ですけど、家見せて〟って突撃したのよ。そしたら、鶴瓶さんは不在でね。奥さんが家の中を見せてくれたわよ。確かに、噂通りの大豪邸だったわね。周辺では、その家だけが目立っていたもん」

後日、希林さんは涼しい顔でそんな風に話していた。さらに、希林さんが亡くなった後に、鶴瓶さんの番組に呼んでいただいて、この時の話をすると鶴瓶さんは苦笑いしながらこう言った。

「そうそう。僕も希林さんに後々、会う機会があったんやけど。『なんか土地の安そうな家ね。私はいらないわ』って感想を漏らしてはりました」

西城秀樹さんがバリに別荘を建てた時も、「美代ちゃん、一緒に見に行こう」と誘われて二人旅をした。

希林さんは秀樹に、「これからバリ島に行くから、あなたの別荘を使うわね」と唐突に言い出したらしい。「使っても良いですけど、僕はそのスケジュールだと行けないよ。観光地じゃないから辿り着けないですよ」という秀樹に、「あなたは来なくて良いのよ。物件を見るために行くんだから」と言って旅立った。

人の好い秀樹は、現地での私たちの道案内と世話係にと、自分のスタッフをバリまで先に送り込んでくれたのだけれど。希林さんは、そんな秀樹に電話を入れた。

「あなた、大丈夫よ。私は行き当たりばったりの旅がしたかったんだから」

電話口でそんな理不尽なことをいう希林さんに、日本で私たちを心配してくれていた秀樹は大いに戸惑ったに違いない。

都内を散歩しながら物件を眺めるのも大好きだった。散歩中に気に入った物件を見つけたら、問い合わせて内見しに行く。そこに私がおともすることもよくあった。

そんな希林さんが、「ここはすごく良いの」と惚れ込んだのが、今、私が住んでいるマンションだ。

立地は都心にあるものの、窓からは広々とした緑の光景が望めて、開放感がある。希林さんに言われて、終《つい》の住処《すみか》を探し始めた頃のこと。それまで、希林さんとともに目星をつけた数件を内見したものの、ピンと来なかった。しかし、このマンションはたしかに心に触れるものがある。それもそのはず、昔、希林さんが欲しがっていた物件が売りに出ていたのだ。

築年数を重ねた物件だったが、希林さんも私も新築よりもヴィンテージマンションが好きだった。

「古いマンションは運気がいい物件と思うんだよね。先に建っているから、立地がいいものが多いし、建物の造りもしっかりしているでしょう」

「そう思うよ。ヴィンテージならではの味わいがあるのも良いよね」

私は不動産に関しては、希林さんほど博識ではないけれど、建物の好みは完全に一致している。

「じゃあ、決まり。美代ちゃん、ここを買おう」

「え、もう決めちゃう？」

「そうよ。この間も言ったでしょう。お母さんの思い出にいつまでも引きずられていないで、住処を決めて引っ越しなさい」

希林さんに誘われて内見こそしていたものの、買う覚悟はいまだ決まっていなかった。当時は、50歳も見えてきた頃。

「おそらく、今後も一人で生きていくのかも……」

心のどこかでそう思いながらも、そんな未来はまだぼんやりとしか浮かんでこない。それでも、希林さんのストレートな助言は胸に響き、この物件への愛情と熱意をも感じ取って、「決めようかな」と私は答えた。

「良いと思う。私もこの物件に遊びに来られるわね」

希林さんは嬉しそうに言いながら、「でも、ローンは早く返しなさいよ」と念押しもした。

その言葉どおり、本当に希林さんはしょっちゅうこの家に遊びにきてくれた。月に二度も三度も訪れて、私の手料理を食べた。窓の外を眺めながら、「やっぱり、この物件でよかったねぇ」と満足げにつぶやいていた。二人でワインを1本あけ、いつもソファで寝てしまっていた。

マンションのローン返済についても、ずっと気にかけてくれていた。私にCMのお仕事が入ろうものなら、「あのCMのギャラはいつ入るの？　そのお金は繰上げ返済に回しなさいよ」とすぐに電話がかかってくる。

そのおかげで返済は早い速度で順調に進み、10年もかからず完済できることになった。最後のローンの支払いに銀行へと行く時、希林さんは「私も行く！　美代ちゃん、ウソをつくかもしれないから（笑）！」とついてきてくれた。カウンターで私が残金を支払い終えると、満面の笑みで勝手にカメラのシャッターを押した。あの時のことが忘れられない。

希林さんの言う通り、この家を買ってよかった。自分の家を得たことで、私の中の鎧が取れたような気がした。見栄を張って洋服にお金をかけたり、車を車検毎に替えるようなことがなくなった。おそらく、「地に足がついた」というような気持ちになったのだと思う。


私は希林さんのおかげで無事に終の住処になり得るマンションを手に入れたものの、ローン完済から数年後、希林さんに再び「この家を買ったら？」と勧められたことがある。

それは、何と希林さんの住んでいる家の目の前だった。

「趣味の良い家だし、すぐに会える距離で良いじゃない。今のマンションを売って、そのお金でこっちを買ったら？」

軽やかで楽しそうな口調で希林さんはいうけれど、当時、すでに40代後半だった私。

「一人暮らしの女が今から、一軒家を買ってどうするの？」

「良いじゃん、スープの冷めない距離ってやつよ」

そんなやりとりをしつつも、二人で内見しに行った。結局、値段や利便性の問題で購入には至らなかったけれど、思い出深い出来事だった。

私も希林さんと同様に、他人とべったりしない性格だからこそ、「目の前の家においでよ」と気軽に声をかけてもらえたのかなとも思う。私は、大切な人と思い合い、支え合ってはいても、誰かの心や生活の中に土足で踏み込みたくはない。その思考や他者との距離の取り方は、希林さんと私の似ているところの一つかもしれない。だから、いつも一緒にいても苦にならないし、安心する。


希林さんは、大好きだった裕也さんのお母さんのために、自らも入るお墓、内田家の墓地を探して購入した。

「さんざん探し回ったんだけど、最高の立地なんだよね。ここに入れるなら本望だよ」と嬉しそうに話していた。そうか、お墓も〝魂の住まう物件〟である。希林さんは、魂の住処をさぞ精力的に楽しそうに探し回ったに違いない。

「美代ちゃん、うちの墓地に一緒に遊びに行かない？」

誘われたのは桜の季節だった。墓地は、鬱蒼《うっそう》と緑が生い茂る高台に位置している。いかにも希林さん好みの場所だ。夏は、虫や蚊に悩まされそうだけど、春は桜が所々に咲き誇っていて、春爛漫な風景も楽しめる。

「ここでお花見しよう」といつものように唐突に希林さんは言った。お弁当やお酒を持った私たちは建ったばかりの内田家の墓の前で、レジャーシートを広げてお花見をした。

「私たち、他人様のお墓に囲まれながら何やっているんだろうね？」

桜の花びらが舞う中で笑いあいながら、乾杯した。

人はこの世で最後に自分が住まう場所を、〝終《つい》の住処〟というけれど、その先にある、あの世の魂の置きどころ――〝永遠《とわ》の住処〟を希林さんはここに決めたのだ。

希林さんの魂が裕也さんの魂とともに、ここに住まうようになって、もう3年になる。私は希林さんに話したいことがあると、季節を問わず、ここを訪れる。春の桜は相変わらず美しいけれど、夏に訪れるとやはり藪蚊に囲まれて刺されてしまう。その度に、「ばぁば、また刺されちゃったよ！」と心の中で突っ込んでいる。

希林さんの終活

毎年、9月1日になると、希林さんがお祈りをしながら言う言葉がある。

「みんなどうか死なないでね。学校が嫌なら行かなくても良いんだから。生きて、生き延びてね」

夏休み明けの9月1日は、毎年、子供の自殺が最も多いと言われている。そのニュースに希林さんは、胸を痛めていた。まだ小さな世界しか知らない子供たちが、せっかく授けられた命を放棄してしまうことの虚しさや悲しみを憂《うれ》いていた。

希林さんは、子供たちの自殺を防ぐための講演活動も行っていた。この活動に限らず、公表はせずとも、希林さんはさまざまなニュースに心を痛め、自分にできることを行っていたと思う。

「命は、大切にして欲しい。ちゃんと、みんなが自分の大切な命を使い切れるような世の中になると良いよね。死にたくなくても、いつか寿命がきちゃうんだから」

そして、この活動は、今は娘の也哉子さんが引き継いでいる。

希林さんの癌について初めて知ったのは、２００４年だったと思う。希林さんが網膜剥離を患って、左目を失明した。その時、胸のしこりを感じていた希林さんは、全身の検査を行って、癌を発見したのだ。希林さん自身から、癌に侵されたことを知らされたのは、失明したことを聞いて間もなくのことだったと思う。失明したことも、癌が見つかったことも、いつもの飄々とした口調で打ち明けられた。左目が見えなくなっただけでも大ごとなのに、希林さんは、「面白いのよ」などと言っていた。

「片方の目しか見えないと、これまで見えていたものの見え方が変わるのが面白いのよね。物理的にも心理的にもそう。当たり前に見えていたものが見えづらくなったことで、他の面白いものが見えてくる。そんな感じなのよ」

具体的に何がどう面白く見えているのかまでは語っていなかったけれど、静かな好奇心に満ちた表情や口調からは、その言葉は決して強がりではなくて、心からのものであると信じられた。

希林さんにはどんなに大変なことも、本気で面白がれる感受性と器があるのだ。だから、癌のことも最初から、「見つかったんだよね」と淡々と話していた。

癌についで打ち明けられてからまもなく、一緒にバリ島を旅行しようということになった。それまでも国内外を二人で旅していたけれど、この時は、前述の通り「バリに建てた秀樹の別荘に泊まろう」と希林さんが言い出して旅することになった。いつものように希林さんが旅行会社に出向いて、「お得なキャンペーンを見つけたよ！」と往復で7万円の格安チケットを探してきてくれたのだ。しかも、「マイレージを使えば、ビジネスにもアップグレードできるんだよ。私は本木さんにもらうわ」といったことも調べてくれて、私たちは、格安チケットにもかかわらず、ビジネスクラスでバリ島へと向かった。

そんなバリ旅行の最中に、帰国をしたら、乳癌の手術をすることを打ち明けられたのだ。希林さんは落ち着いた様子だった。

「医者に温存療法を選択するか、それとも、片乳を取るかって聞かれたのよね。『何で温存するんですか？』って聞いたら、『夫のためとか、水着を着る時のためとかあるでしょう』なんていろいろ言われたんだけど。『ないない！　切り取ってください』って即答したの。その方が転移の可能性も低いっていうしね」

いつ何時、どんなことにおいても決断が速い人ではあるけれど、その潔さに改めて驚いた。

帰国後、希林さんはすぐに手術した。手術の翌日にお見舞いに行くと、さっそくリハビリを始めていたし、ゴミ箱にものを投げ入れようと、いつも通りにひょいと腕を伸ばしたりするから、心底ひやひやした。

無事に退院してから、希林さんは再発予防のための抗癌剤治療やホルモン剤治療は「私には合わない」と一切やめていた。その代わりに通い始めたのが、自ら見つけてきた鹿児島県にある放射線治療のクリニックだ。

1年に一度、PET検査を受けて、癌細胞が転移している箇所があれば、そこにピンポイントで放射線をあてるという治療法。これは、希林さんにはとても効果があったようだ。年々、癌細胞の転移は続いていて、「全身癌」と診断されていたけれど、体に悪影響を与えるような大きな癌は、放射線をあてる治療法でその都度、きれいに消えたと聞いていた。

それでも、常に小さい癌は希林さんの体の中にいくつもあって、それがいつ大きくなるのかわからない状態ではあったものの、日常生活に支障をきたすほどではなかったという。

私は、この14年の間、相変わらず、希林さんと月に数回は夕食をともにして、嗜《たしな》む程度にお酒を飲み、定期的に二人で旅行もしていた。

自力で見つけてきた治療法が功を奏して、希林さんは癌がわかってからもほとんど変わりなく過ごしていたし、仕事のペースも変えなかった。周知の通り、晩年の希林さんは、精力的に映画に出演していた。そして、数々の名作を遺した。かつては、「映画よりもテレビドラマの方がいい。後世に残らず、その瞬間を彩って花火のように消えてしまうドラマの方が楽しい」と常々語っていた希林さんも、時代の変化に合わせて考えを変えた。テレビドラマもＤＶＤやネット配信で、いつまでも残っていく時代だ。

「どうせ、残ってしまうなら、時間と心をしっかりとかけて作れる映画がいいよ」

そう言っていた。気持ちはよくわかる。テレビの瞬発力とエネルギーに惹かれ続けていたけれど、映画だからこそ、得られるものはある。私は今もテレビのドラマも好きだし、呼ばれたら喜んで参加するけれど。昨今のテレビ界の大きな変化を目の当たりにすると、自分の思いや信念もこの先はどうなっていくのか予測がつかない。


長く続く通院生活は、辛く苦しい面も大いにあったと思う。本人はそんな様子は一切見せないし、弱音も吐かなければ、誰かに助けを求めることもしなかった。

鹿児島のクリニックに行く時は、「お気に入りの風情のある老舗ホテルに泊まって、美味しいものを食べるのが楽しみなのよ」なんて話していた。体に負担をかける抗癌剤治療は、時と共に体力も気力も奪っていったはずだ。母の抗がん剤治療を見てきた私には、そう思えた。

亡くなる前年頃からは、さすがに傍目《はため》に見ても着実に体力と気力が失われていたように見えたけれど、それでも、映画『モリのいる場所』、『万引き家族』、『日々是好日《にちにちこれこうじつ》』、『エリカ38』、『命みじかし、恋せよ乙女』と複数の撮影に参加していたし、海外の映画祭などにも精力的に同行していた。

さすがに心配になって、「海外に行くのはやめて。骨にも転移してるんだから、気圧とか、よくないよ」と止めたけれど、希林さんは聞かなかった。今思えば、あれほどまで精力的に仕事をやり続けていたのは、希林さんにとってこの仕事が何よりも生きる気力を湧き上がらせてくれるものだったからではないかと思う。

「癌は死ぬまでの準備期間があるところが良いよね」

「仕事をしてないと、暗い部屋で死んだように寝ちゃうのよ」

ことあるごとにそう話していた。希林さんは、自らの命の限りを感じてから、何を大切にして何を優先させて生きたのか。

言葉にはせずとも、その背中で見せてくれた。癌とわかってからの14年間も、数々の映画に出演して名演を残したこと、そして、多くの時間を私と一緒に過ごしてくれたことを心から感謝している。

希林さんとのお別れ

長い間、全身癌を患いながらも、それまでは普通に暮らして仕事をしていた希林さんから、「食欲がなくなってきた」と聞いたのは、２０１８年の春のことだ。何を食べてもさほど美味しいとは思えないという。一緒に外食にもいきたがらない。ただ、私が毎年贈っていたさくらんぼを「さくらんぼはまだ？　今年は、２箱欲しい」と催促されたことを覚えている。滅多にそんなお願いをしない人が、珍しくそう言った。

「もちろん、良いよ。でも、２箱も誰が食べるの」

「全部、私だよ。あのさくらんぼなら、食欲がなくても食べられそうな気がするんだよね」

「ＯＫ！　少し待っててね。もうオーダーしてあるの。いちばん美味しい時季に届くはずだから」

そんな会話を交わした記憶がある。

食欲の低下とともに体は加速度的に弱っていったように見えた。夏になって、希林さんは大腿骨を骨折して入院することになった。転んだり何かにぶつけたりしたわけではない。骨粗しょう症を患い、骨が脆《もろ》くなっていたのだ。

希林さんが入院してから、私はほとんど毎日のようにお見舞いに行った。実は、その時期は前々から夏休みを取ろうとまるまる1ヶ月間ほどスケジュールを空けておいたのだ。入院してからも容態が思わしくないと聞いて、私はその夏を希林さんと過ごそうと決めた。

まさか、それが最後の1ヶ月になるなんて、その時は思いもしなかったけれど——あの時、ゆっくりと時間をともにする機会をもてたことは、神様に感謝すべきであると同時に、改めて希林さんとの縁の深さを感じられることだった。

入院していた、およそ1ヶ月間。希林さんの病室を訪れたのは、娘の也哉子ちゃんと義理の息子である本木雅弘さんをはじめとするご家族と私、それから、希林さんとは長いお付き合いのあった緩和ケアの専門家であるセラピストの志村季世恵さんだけだった。

希林さんを慕うたくさんの方々がお見舞いに来ることを切望していたけれど、「みんな、忙しいし、断って」と希林さんは念押ししていた。

希林さんは日毎に体が弱っていったものの、それでも、顔を出せば、いつも通りの風情でそこにいた。ハードな治療があっても「痛い」も「辛い」も「怖い」も一切口に出さない。そんな希林さんを前に、私たちは特別に何を話すわけでもなく、何気ない言葉をかけるだけで、ただ、そばにいた。言葉は発せなくても、一緒にいるだけで、言いたいことがわかるようになっていく。水が飲みたい、リップクリームを塗ってほしい、枕の位置を変えて、と、ほとんどのことがわかってきた。

ずっとベッドの中にいて動けない入院生活は、ふくらはぎが浮腫《むく》んでしまう。それを解消すべく、也哉子ちゃんや私が足裏マッサージをするのが日課だった。強いと、「痛いよ!」と思い切り叫んでいたけれど、治療や日々の体の辛さを訴えることはなかった。

足裏マッサージといえば、私たちが行っているのを見て、ある日、本木さんが、自分もマッサージをしたいと言い出し、その日は彼が担当することに。男の人だから力も強かったのだろう。「いったい! いったい! 痛いよ!」といつもにも増して大きな声で叫ぶ希林さんと、焦る本木さんを見て、思わず笑ってしまった。

ある日、お見舞いへと病室を訪れると担当の先生がやってきて、これから処置を行うので、部屋から出るようにと言う。私が病室を出ようとすると、「美代ちゃんはここにいて」と希林さんが筆談で書いてきた。そして筆談でお医者さんに「この子も役者のはしくれだから、全部、見せるの」と伝えたのだ。

正直なところ、それまで私は希林さんの痛々しい姿や辛さを見るのは嫌だと思っていた。けれど、希林さんは身を以て、体が朽ちていく様子を、〝死というもの〟へと向かうまでの道のりを私に教えてくれようとしていた。

入院した日に集中治療室に入っていた時、家族以外は面会できないというルールがあったものの、夢中で駆けつけてしまった私を見て、也哉子ちゃんが希林さんの許可を取ってくれた。

集中治療室のドアをそっと開けると、全身を管に繋がれて言葉を発することができない希林さんは、それでも、表情を大きく変えた。まるで、「あんた、来たのぉ?」とでも言っているかのような、希林さんらしい飄々とした表情で迎え入れてくれた。あの顔は今も脳裏に焼き付いて離れない。


希林さんは死に際までをも見せてくれようとしていた。家族に、そして、私にも。

一時の危機は脱したものの、回復したわけでもないのに退院して自宅療養することを決めた希林さんの退院に付き添い、自宅に行った。本木さんは、リビングにベッドを配置し、細やかな愛情を感じる過ごしやすい空間を作ってくれていた。ベッドに横たわる希林さんが話した。

「自宅だったら、みんなにも会いにきてもらえるね」

そんな会話を交わしたことを覚えている。希林さんの家に贈られた葡萄を「食べな」と勧めてくれた。希林さんは、すでに食べ物を飲み込むことができない状態だったけど、細かく刻んだ葡萄を舌の上で転がして、その甘い汁を「おいしいねぇ」と味わっていた。

病室にいる時よりも、ずいぶんと柔らかくて安心した表情だった。その顔に安堵して、夜の10時頃に「じゃあ、また明日」と声をかけておいとました。

ところが翌朝、也哉子ちゃんから電話がかかってきた。

「夜中の2時過ぎに逝きました」

まさか、退院した夜に逝ってしまうなんて思いもせずに狼狽《ろうばい》した。心のどこかで「希林さんはまだ大丈夫」と思っていたのだ。思いたかったのだ。これまでだって何度も危機的な局面を乗り越えてきたのだし、あの希林さんなのだから、これからも奇跡を見せてくれるに違いないと信じて疑わなかった。

お別れはあっけなく訪れた。希林さんと出会ってから46年。希林さんが癌になってからの14年間は、いつかお別れがくることを想像していなかったわけじゃない。

希林さん本人が「癌は死ぬまでの準備期間があるからありがたい」と折に触れて話していたように、私も心の準備をしようと思っていた。でも、どれほど準備していても、別れが辛く寂しくないものにはならないことに、希林さんとの別れをもって気付かされた。

生前、自分の家で死にたいと言っていた希林さん。その言葉通りに、希林さんは家に戻って死ぬことを、自ら選んで実行したのだ。

縁は運であり運命だから

浅田美代子が人なみ以上に恵まれ、授けられているものがあるとすれば、それはおそらく、「縁」だと思う。

私は、この上ないほどに、人の縁に恵まれている。

希林さんのような稀有に大切な人と出会えて、最期までそばにいられたことは〝縁の力〟にほかならないし、芸能界に入って初めての仕事がドラマ『時間ですよ』であったこともそう。

あの作品で、希林さんのみならず、久世光彦さん、向田邦子さん、堺正章さんなど、時代に愛され才能にも溢れた、魅力的な人たちと過ごせたこと。

離婚して芸能界に復帰後、念願の役者として生きていたものの、この先どこへ向かうのかノープランだった私が、さんまさんと偶然にもスペシャルドラマで共演。絶妙なタイミングで、バラエティ番組『さんまのからくりTV』にお声がけいただいて、その先の道筋が広がっていったこと。これらは全て、縁の不思議。私は縁の力で生き延びてきたと思っている。

たとえば、どれだけ才能があっても、人間性に優れていても、あるいは、血の滲むような努力を重ね続けようとも、人は人との縁に恵まれなければ、新しい景色を見ることはできない。芸能の世界にいると、より痛切にそのことを感じる。

俳優にせよ、タレントにせよ、やはり、他者に何かを感じてもらって、仕事をふっていただく立場だからだ。こんな作品に出たい、こんな役がやりたいといくら想像したり、願ったりしたところで自分の力だけではどうにもならないのだ。

逆に才能や努力がまだ足りずとも、縁の力によって、実力以上の仕事を授けていただいたり、新しい場へと連れて行ってもらえたり、なかなか味わえない体験をさせてもらえることもある。

ただし、私の場合は、恵まれていたがゆえに、大きなチャンスをいただくことも多かったけれど、同時にその機会にこの道の厳しさや奥深さを感じ取り、自分の至らなさ、足りなさを思い知ってきたところもある。

〝縁は自ら引き寄せるもの〟とよくいうけれど、私にとって、その言葉は今ひとつピンとこない。「自力で縁を引き寄せてやろう！」なんて強い意志は持っていないし、そのために自分が行動しているという意識もないからだ。ただ、自分は恵まれているという自覚はあるし、そのことに対する感謝の気持ちは強く持ち続けている。

希林さんが私に主演映画『エリカ38』の話を持ってきてくれたことについても、今も感謝の想いが増すばかりだ。当時から、「自分にできるだろうか」と戸惑う気持ちや不安は大いにあったが、希林さんがそう言ってくれるならばと、全身全霊で挑んだつもりだ。

私自身の演技に関してはまだ未熟と思う気持ちは正直あった。でも、その思いを後ろ向きには捉えていない。前向きな糧《かて》にして、いつか天国にいる希林さんが「いいじゃん。美代ちゃん！」と言ってくれるような演技ができたらと思い続けている。

いただいた縁に感謝し続けるだけでなく、それに見合う自分であるように、常に謙虚でいなければならないと思っている。結果的に素晴らしいご縁を頂いていることを、当たり前だと思ってはいけない。縁に恵まれているからと言って自分に特別な魅力や才能があるとも思わない。感謝と同じくらい、恐縮の気持ちがある。それに見合うような人間になりたいと願ってやまない。

それから、これはご縁だと思う誰かや何かが訪れた時には、できるだけ柔軟に受け入れたいと思っている。

縁というものは、それが訪れた時には、直感こそ働くものの、必ずしも良いご縁になるとは限らない。後々、大切な縁になるとしても、巡り合った時にはそこまで大切だとわからないことも多々あるからだ。

だから私は、直感がゴーサインを出した時は、多少は忙しくとも面倒でも小さな恐れがあったとしても、できるだけ、その流れに乗るように心がけている。

その結果、いつも素晴らしいご縁に育つとは限らず、時には外れくじなんてこともある。でも、万が一、騙されたなんてことがあるならば、他ならぬ、自分のせいだと思うのだ。そして、それも自分にとって必要な経験だったに違いない。

悔しい経験や辛い経験をわざわざ縁が運んできてくれて、自分に気づかせてくれたのではないだろうか。


とにかく気をつけたいのは、年齢や経験を重ねようとも、偉くもないし、偉そうに振る舞わないこと。私が身を置いている芸能の世界にいると、より気をつけなければと思う。

ただでさえ、「特別扱い」してくれる人は多いし、ベテランになれば、ますます持ち上げられる。その神輿《みこし》に乗っかることはある意味、楽チンなことなのかもしれないけれど、私は嫌だ。偉そうな場所に座らされて、偉そうに振る舞うことは、居心地が悪いし、面白そうなことには微塵も思えない。むしろ、重い足枷《あしかせ》や手枷を嵌《は》められているような気持ちになってしまう。

謙虚でありたいとは、言い換えれば、軽やかでありたいということだ。幾つになろうと、どこで何をしていようとも、人にどう見られようとも、一人の人間として、軽やかでありたい。誰にも偉そうにならず、誰かと比べたりもせずに、フットワークは軽く、でも愛と謙虚さは持ち続けて、心を濁らせずに歩いていきたい。そして、そこで出会うご縁に生かされていきたいし、縁あって一緒にいられる人とは、大切にその関係を育んでいきたい。


希林さんと私の縁がこれほど長く色濃く続いていったのは「嘘のない関係」だったからだと思う。親友のようにともに楽しみ、家族のように心を許しあい、人生を分かち合えた。私にとって希林さんは、何でも話せる相手だった。自分の中にあるどんな顔も見せられたし、希林さんが人には滅多に見せない顔も見てきたと思う。愛情や優しさ、ユーモアや茶目っけはもちろん、互いの中にある毒気や弱音、葛藤や迷いも自然に見せ合っていた。凛とした強さを持つ人だから、感情を吐露《とろ》するようなことはしなかったけれど、私の前では常に本心を見せてくれていたのではないかと感じている。

本心を分かち合えて、常に嘘がない関係でい続けられたのは、同じ世界で生きながらも、個性も年齢も全然違う二人だから。16歳で芸能界に入って、どこか頼りなかった私の面倒を見続けてくれたのは、「浅田美代子は私が関わったオーディションで芸能界に入ったから。ここでやっていけるかどうかは私の責任もあるから」だと言っていた。家族のように大切なのに、血がつながっていないからこそ、心地よい距離で本心を預けあえるのかもしれない。

今世では、もう、会えないけれど、希林さんとの縁はこれで終わったようには感じられない。これからも私は、希林さんとの縁に感謝しながら、心の中に住む希林さんに支えてもらいながら、生きていこうと思う。

あとがき

「美代ちゃんが私の人生の語り部になってね」

いつものように、二人でご飯を食べながら会話をしている最中に、希林さんが突然そう言った。

そこにどんな意図があるのかわからずに、驚き、困惑した。

「なに言ってるのよ。それに、希林さんの周りにはもっとふさわしい人がいっぱいいるでしょう？　私なんか、言葉もそんなに知らないし」

「いいんだよ。あなたが私のことをいちばん知っているんだから。気持ちがあれば伝わるんだよ」

たしかにそうなのかもしれない。私と希林さんは、まるで人生のパートナーであるかのように、長い時間をともに過ごし、家族や同世代の友人にも見せない顔や心を分かち合っていたように思う。

私は、希林さんを〝ひとりじめ〟する時間をたくさんもらってきたのだ。

とはいえ、急にそんなことを言われても困る。まるでもうすぐお別れみたいなお願いに、私は多いに戸惑い、真剣に取り合おうとしなかった。

その後、大腿骨骨折で再び入院した時にも、希林さんは冗談めかして言った。

「美代ちゃんが私の人生の語り部なんて、心配だねぇ」

あの時、なぜ希林さんは私にそんなことを伝えたのだろう。その言葉は、心の隅にしまったままでいた。

2018年9月15日——希林さんとお別れの時が訪れた。テレビや雑誌で希林さんについてのコメントを数多《あまた》求められ、何とか多少の言葉を絞り出したものの、正直、その時のことはあまり覚えていない。私は、希林さんの死に向き合えていなかったのだ。

その後に「希林さんとの思い出を語ってください」というような書籍の話もずいぶんと沢山いただいたけれど、とてもそんな気持ちにはなれなかった。

あれから3年が経った。希林さんの三回忌が終わって数ヶ月後のことだ。

最近親しくなった同世代の女友だちである作家の林真理子さんと、脚本家の中園ミホさん、聘珍樓のオーナー夫人である林淳子さんとランチをしていた時、中園さんが、言った。

「美代子さん、来年は本を出してみたら良いと思う」

その言葉が、私の中で止まっていた時を動かしてくれた。私自身も、希林さんが癌になった63歳という年齢を超えた。希林さんのことを思い返しながら、自分自身の人生と向き合ってみるのも悪くないと思えたのだ。

「美代ちゃんが語り部になってね」

希林さんがあの時そう言ってくれたのは、そんな意図があったのかもしれない。

本を出してみよう。自然とそう思えたものの、私はなかなか行動に起こせない性質だし、出版についても詳しくない。そんな私を察してか、林真理子さんは、まるでプロデューサーのように、本書のために力を惜しまず奔走して下さった。元編集者である林淳子さんは、多くの貴重なアドバイスを下さった。

大切な3人の友人に感謝したい。

きっとこれも、希林さんが運んできてくれた縁なのだ。

私の人生の折々には希林さんがいたし、心の中には希林さんが授けてくれたものがたくさん詰まっている。希林さんと出会わなければ、私の人生は全く異なるものになっただろう。

希林さんは、私の背中を押してくれる人であると同時に、私が人生を踏み外さずにいるためのストッパーのような存在でもあった。道に迷えば、軌道修正もしてくれた。私が私のままでいられたのは、やはり、まっとうで愛情深い希林さんがいてくれたおかげだ。

私は、お別れから3年が過ぎた今も、希林さんの死を飲み込めていない。何か話したいことがあるたびに、お墓参りに行って話しかけている。希林さんがもうこの世にいないことは頭ではわかっているはずなのに、

「美代ちゅあん、そろそろ河豚を食べに行こうよ」

「美代ちゅあん、映画を観に行こうよ」

「美代ちゅあん、要らないものは捨てなさいよ」

と、電話がかかってきそうな気がするのだ。

「癌という病は、死に至るまでに時間がある。お別れの準備期間なんだよ」

再三、希林さんにそう言われていたにもかかわらず、希林さんなら奇跡を起こせるのではないかと信じていた。いや、現実に目を向けることから逃げていたのだと思う。

家には希林さんからいただいたメモ書きみたいな手紙や写真もたくさんとってあるけれど、アルバムの中に整理したりはしていない。今もクリアファイルの中にまとめて入れているだけ。

もし、希林さんとのお別れを切実に捉えていたら、もっと生前にやれること、できるこ

とがあったかもしれないという後悔は、正直ある。あれだけ一緒に楽しい時を過ごせたにもかかわらずだ。

一方では、大切な人の死は乗り越えたりするものではなく、生涯付き合っていくものなのかもしれないとも思えるようになった。私は、この先の人生も、希林さんと生きていく。

内田也哉子さん、本木雅弘さんをはじめとする内田家の皆様には、心から感謝してやみません。私が希林さんとの最後の日々を大切に過ごすことができたのは、ご家族のご理解とお心遣いのおかげです。

最期の1ヶ月。入院中の病室にお見舞いに行くと、希林さんは、身体は弱っているはずなのに、いつも飄々としていた。

ベッドの背後にある窓から夕陽が差し込んで来ると、口では「もう帰りなさい」と言いながらも、何だか寂しそうに見えた。

希林さんの大好きな夕陽を、折々で、いろんな場所で一緒に眺めてきた。

母であり、姉であり、親友でいてくれた希林さん。

あの時の希林さんの表情は、ずっと忘れない。

希林さん、楽しかった。本当にありがとう。会いたいです。

浅田美代子（あさだ・みよこ）
一九五六年東京都生まれ。七三年、ドラマ「時間ですよ」でデビュー。劇中で歌った「赤い風船」が大ヒットし、同年の日本レコード大賞新人賞を受賞。その後も「寺内貫太郎一家」や「時間ですよ・昭和元年」、「釣りバカ日誌」などの人気ドラマや映画に多数出演。TBS系「さんまのからくりTV」での発言が新たなファン層を生み出し、お茶の間に欠かせない存在となった。二〇一九年には樹木希林企画による映画、「エリカ38」（日比遊一監督）に主演した。二一年映画「朝が来る」（河瀬直美監督）で第三〇回日本映画批評家大賞助演女優賞を受賞。現在は役者業の傍ら、捨て犬、捨て猫、虐待の防止など、様々な動物愛護団体への支援をライフワークとしている。

ひとりじめ

二〇二一年九月一五日　第一刷発行

著者　浅田美代子《あさだみよこ》
発行者　大川繁樹
発行所　株式会社　文藝春秋
〒一〇二－八〇〇八
東京都千代田区紀尾井町三番二三号
電話　〇三－三二六五－一二一一
印刷所　図書印刷
製本所　図書印刷
DTP製作　言語社
構成　芳麗

ISBN978-4-16-391427-5